Connaissances Nécessaires

à

Un Bibliophile

✳✳✳✳✳

Connaissances Nécessaires

à un

Bibliophile

ACCOMPAGNÉES DE

Notes critiques et de Documents bibliographiques

RECUEILLIS ET PUBLIÉS

par

ÉDOUARD ROUVEYRE

LIBRAIRE ET ÉDITEUR, OFFICIER DE L'INSTRUCTION PUBLIQUE

CINQUIÈME ÉDITION
ILLUSTRÉE DE NOMBREUSES FIGURES

TOME CINQUIÈME

PARIS

Édouard Rouveyre, Éditeur

76, RUE DE SEINE, 76

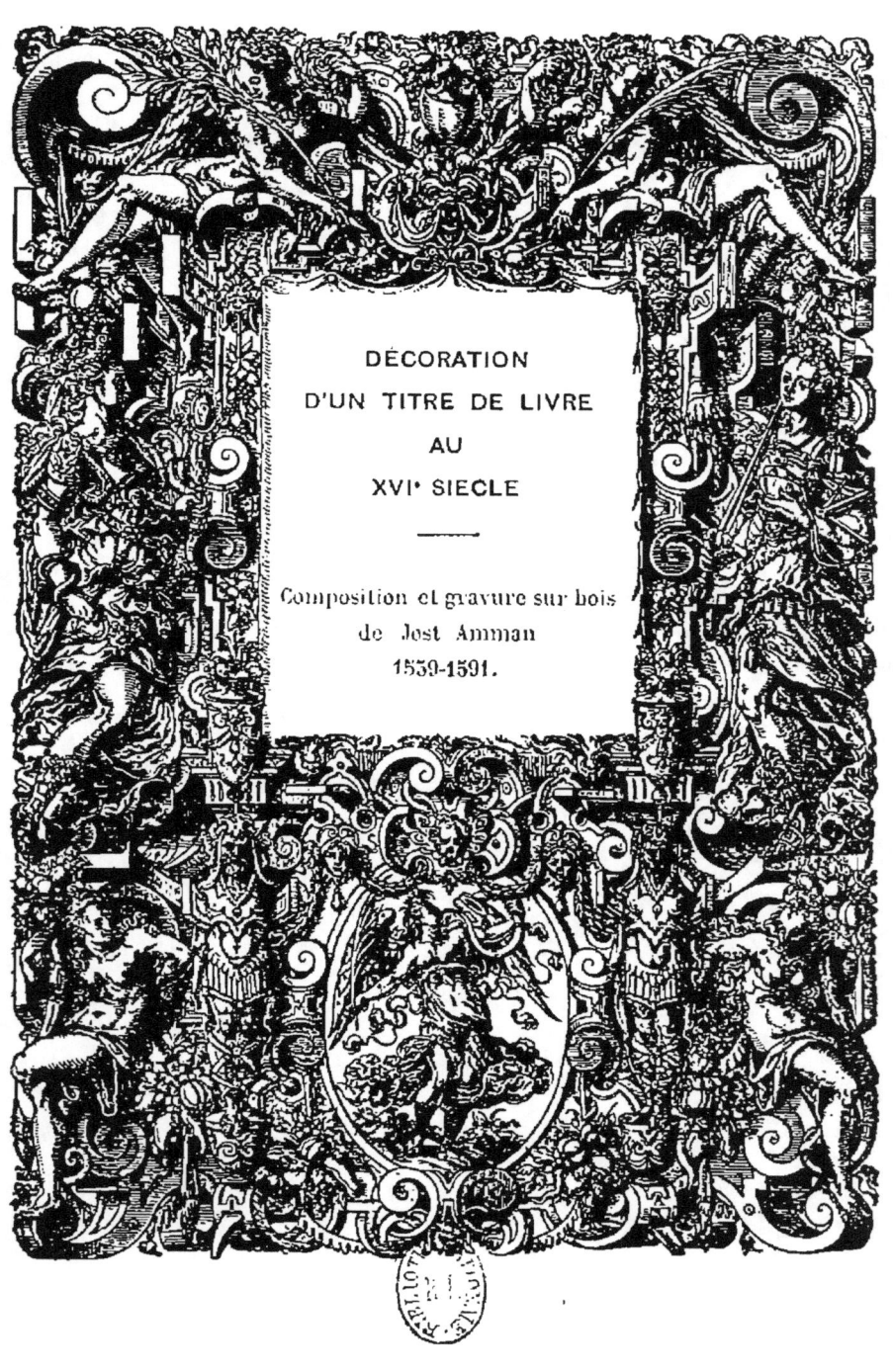

DÉCORATION
D'UN TITRE DE LIVRE
AU
XVIe SIECLE

Composition et gravure sur bois
de Jost Amman
1539-1591.

Connaissances Nécessaires

à un

Bibliophile

ACCOMPAGNÉES DE

Notes critiques et de Documents Bibliographiques

RECUEILLIS ET PUBLIÉS

par

ÉDOUARD ROUVEYRE

LIBRAIRE ET ÉDITEUR, OFFICIER DE L'INSTRUCTION PUBLIQUE

CINQUIÈME ÉDITION
ILLUSTRÉE DE NOMBREUSES FIGURES

ILLUSTRATION

ET

DÉCORATION INTÉRIEURE DES LIVRES

DISTINCTION DES ÉTATS DE GRAVURES

CE QUI FAIT LA VALEUR
D'UN LIVRE ILLUSTRÉ

PARIS
Edouard Rouveyre, Éditeur
76, RUE DE SEINE, 76

Fig. 1. — Gravure sur bois (xvᵉ siècle).
Généalogie des Rois de France.

DE LA GRAVURE EN RELIEF ET EN CREUX
ILLUSTRATION ET DÉCORATION DES LIVRES
DE LA DISTINCTION DES ÉTATS DE GRAVURES
CE QUI FAIT LA VALEUR D'UN LIVRE ILLUSTRÉ

A. — DE LA GRAVURE EN RELIEF

L'illustration du livre remonte presque à son origine ; les papyrus étaient ornés de dessins recouverts d'une couche de couleur, les parchemins grecs et romains étaient souvent chargés d'ornements en tête de chapitre, et quelquefois de dessins dans le corps du texte. On croit que certains ouvrages anciens, aujourd'hui disparus, renfermaient des portraits qui auraient été peints en teinte plate et en camaïeu, après avoir été gravés.

« On doit même supposer, écrivait Ambroise-Firmin Didot, que c'est à l'application de ce procédé aux livres de Varron que Pline fait allusion lorsqu'il vante l'invention *merveilleuse* et presque *divine* qui permit à

Varron, à l'exemple du célèbre bibliophile Atticus, de reproduire, dans son livre des *Imagines*, les portraits des personnages illustres, et de les multiplier à l'infini. Pline ajoute que sept cents portraits ainsi reproduits dans l'ouvrage de Varron pouvaient être expédiés en tous pays et ne *faisaient qu'un* avec le livre. On conçoit, en effet, l'admiration de Pline pour ce procédé; mais il est regrettable qu'il n'ait point remplacé, par une simple description, les pompeux éloges qu'il prodigue à cette description*. »

A partir du vi^e siècle de notre ère, l'ornementation des manuscrits se développe encore; il suffit de citer le *Virgile du Vatican*, si consciencieusement étudié par M. de Nolhac. Les chrysographes mettent en œuvre tous leurs talents pour la décoration des fonds de lettres et des motifs qui seront complétés par les enlumineurs. Les uns dessineront les contours des ornements, des scènes rustiques et des personnages; les autres couvriront de couleurs épaisses, très opaques mais très vives, les draperies des personnages, les visages, la verdure des champs. Dans un prochain chapitre, consacré à l'*Ornementation des Manuscrits et à la Peinture des Livres*, nous nous occuperons spécialement de ce sujet.

La confection des cartes à jouer a dû donner l'idée d'appliquer l'impression des images dans les livres; la xylographie et toute la gravure sur bois ont pris naissance avec ces modestes débuts. D'après les

---

* Cf. *Essai typographique et bibliographique sur l'histoire de la gravure sur bois*, par AMBROISE-FIRMIN DIDOT. Paris, M.DCCC.LXIII, in-8°.

Fig. 2. — Gravure sur bois citée comme la plus ancienne (1418).
(Voir page 6.)
La Vierge et l'Enfant Jésus entourés de quatre saintes, dans un jardin,
avec les noms des saintes sur des banderoles.

Fig. 5. — Saint Christophe portant l'Enfant Jésus sur ses épaules (1423).
(Voir la souscription datée de 1423, tome deuxième, fig. 129.)

conjectures qu'il est permis de faire en se rapportant aux quelques épreuves de jeux de cartes parvenues jusqu'à nous, l'artiste creusait sur la même planche plusieurs cartes à la fois, et, après avoir encré les reliefs de la planche, il y appuyait son papier et on en effectuait le tirage au frotton.

« La date de l'origine de la gravure sur bois ou sur métal n'a jamais été déterminée d'une façon précise, écrivait M. Jules Le Petit dans son travail sur *l'Ornementation des livres**, malgré les recherches savantes et persistantes qui ont été faites depuis de longues années par les hommes les plus érudits. Quoique plusieurs iconographes en fassent remonter les premiers essais au xive siècle, et pensent que l'emploi en fut fait à cette époque pour la fabrication des cartes à jouer, cet art ne devient intéressant à étudier que vers la moitié du xve siècle. Tous les historiens sont d'accord, en effet, pour rapporter à ce moment l'impression des premières gravures sur bois, dites xylographiques. On cite généralement, comme la plus ancienne estampe imprimée avec une planche de bois gravée en relief, un sujet daté de 1418, représentant la *Vierge et l'Enfant Jésus entourés de quatre saintes, dans un jardin*, avec les noms des saintes sur des banderoles, et attribué à un graveur hollandais (voir fig. 2). L'unique épreuve connue de

---

* De toutes les publications relatives à la décoration intérieure des livres, celles de M. Jules Le Petit et de M. Henri Bouchot sont les plus intéressantes et les plus documentées; nous y avons eu souvent recours. On sait que M. Jules Le Petit n'est pas seulement l'un de nos plus érudits bibliographes, mais qu'il est aussi un bibliophile qui a su réunir, par ses actives recherches, un grand nombre de livres précieux, dans un état le plus souvent unique.

cette estampe précieuse, mais grossièrement taillée au simple trait, est conservée au Musée royal de Bruxelles. La découverte en est due à M. le baron de Reiffenberg, qui la fit remarquer pour la première fois, en 1845, dans un Mémoire qu'il publia à ce sujet.

« Cette planche, ainsi qu'une autre datée de 1423, représentant *Saint Christophe portant l'Enfant Jésus sur ses épaules* (voir fig. 5), avec une légende en caractères gothiques gravée au-dessous, sont considérées comme ayant été imprimées dans les Pays-Bas. »

Pour graver une planche en relief, il fallait : 1° Dessiner le sujet à la plume ou le calquer sur le bois; 2° Marquer tous les traits qui forment le dessin et les conserver en relief; 3° Enlever délicatement avec des outils ce qui devait demeurer en blanc et être creusé, parce que le relief seul forme dans l'impression les traits sur le papier.

Dans l'impression des images, ainsi que dans celle des cartes, on chargeait de noir la planche de bois ou le moule, on appliquait dessus une feuille de papier moite, afin qu'elle s'y attachât plus aisément; on passait ensuite plusieurs fois sur le papier un frotton de crin ou de bande d'étoffe, alors l'empreinte de l'image apparaissait sur le papier. On se rend compte de cette opération en examinant le revers de la feuille des anciennes estampes sur bois et des anciens livres d'images imprimés d'un seul côté.

Les productions appelées couramment *xylographes*, quoique cette expression paraisse désigner autant l'ouvrier que l'œuvre, étaient, comme on le sait, des impressions tabellaires faites avec des planches de bois dans lesquelles le graveur avait taillé en même temps le texte et les figures.

Ces ouvrages, qui précédèrent de quelques années l'invention des caractères mobiles, ne parurent pas en grand nombre, ou du moins quelques-uns seulement nous sont parvenus, et sont cités par les bibliographes et les iconographes.

En raison de l'intérêt que ces anopistographes (c'est-à-dire, imprimés d'un seul côté) présentent, nous allons en développer le sujet, et extraire de nos notes les renseignements suivants :

« Aux approches de la Renaissance, écrivait un critique d'art (anonyme) dans la *Gazette des Beaux-Arts*, le mouvement intellectuel était si considérable, que les copistes ou *librarii* se préoccupaient de trouver un moyen plus rapide que celui des manuscrits pour multiplier les manifestations de la pensée; chacun en sentait la nécessité, mais la loi du progrès ne permettait pas d'y parvenir d'une manière spontanée : il y avait des intermédiaires à franchir. D'abord on commença à graver sur des tablettes de bois* quelques ouvrages de peu d'étendue que l'on imprima comme l'on imprime encore aujourd'hui le papier peint : c'est

---

* Il a été découvert, il y a quelques années, dans les archives de l'échevinage d'Anvers, plusieurs actes authentiques de l'année 1417, qui mentionnent, sous cette date, parmi les citoyens de la ville, un « Jan de Printere » ou Jean l'imprimeur. On croit que cet imprimeur n'était autre qu'un fabricant ou marchand de cartes à jouer, de livres élémentaires, d'estampes xylographiques, un de ces industriels qu'on a depuis appelés cartiers. La date de ces documents leur donne un très grand intérêt.

la xylographie*, dont les Orientaux ont connu l'usage longtemps avant nous **.

« Malgré la facilité relative de la reproduction, les

---

* On donne ce nom à des volumes imprimés au xv° siècle et formant une classe à part, différente de tout ce qu'on a vu depuis. Nous n'avons pas besoin de dire que cette expression dérive du grec : ξύλον, *bois* ; γράφω, *j'écris* ; elle a passé en usage pour désigner des ouvrages exécutés avec des caractères fixes taillés sur bois et non mobiles, imprimés en planches de bois fixes ; ainsi l'on dit ouvrages *xylographiques*, pages *xylographiques*, caractères, planches *xylographiques*, pour désigner que ces objets ont été gravés ou sculptés sur bois. Ces productions ont servi de transition entre la transcription des manuscrits et l'imprimerie proprement dite ; mais dès que les caractères fondus furent d'un emploi un peu général, la xylographie disparut. Elle n'avait produit que des livres populaires, sans luxe, d'une exécution grossière, sur papier commun, mais devenus d'une rareté excessive. Ces volumes sont aujourd'hui d'une valeur très élevée. Divers. ouvrages de bibliographie donnent de longs détails sur ces productions. Indépendamment du *Manuel du libraire*, on peut consulter HEINECKEN, *Idée d'une collection d'estampes*, 1771, le premier ouvrage où se rencontrent les résultats d'une étude approfondie de la xylographie ; DIBDIN, *Bibliotheca Spenseriana* ; OTTLEY, FALKENSTEIN, *Histoire de l'imprimerie*, en allemand ; MASMANN dans le *Serapeum*, et *Recherches sur les livres xylographiques*, par J.-M. GUICHARD.

** Masseius, *in Historiâ Indiæ Orientalis*, Garsias ab Horto, Johannes Barrus, Guilandinus Pancirole, Johannes Mendoza, et plusieurs autres, attribuent l'invention de l'imprimerie aux Chinois. Cette opinion, appuyée du sentiment du Père du Halde, de Martini, Trigaut, Kirker, etc., est assez défendue pour qu'on l'examine sérieusement. A la vérité, les Chinois sont parvenus à graver des planches en bois avec lesquelles ils imprimaient des almanachs et d'autres livres de quelques pages ; mais c'est encore aujourd'hui un problème à résoudre que de savoir s'ils sont parvenus à découvrir les caractères mobiles. Dans tous les cas, ces lettres en bois n'auraient que bien peu de rapport avec celles qu'emploie l'imprimerie moderne ; et l'on pourrait dire, sans être accusé d'exagération, qu'ils n'ont fait que rêver seulement ce que l'Europe a imaginé, conçu et perfectionné.

Maginus, dans sa *Géographie* (description de l'Amérique), Pierre Montanus, dans l'*Atlas du marchand*, et le savant Génébrard regardent les Mexicains comme les premiers inventeurs

xylographiques ne furent pas très nombreux. La plupart de ces livres sont connus sous la dénomination gé-
nérique de *Livres des pauvres*; le moine Théophile en
fait mention au LXXIe chapitre de son œuvre : *Diversa-
rium artium schedula.*

« Bien qu'au-dessous des manuscrits, eu égard à la
main-d'œuvre, leur prix était très élevé. De plus, écrits
en latin et chargés d'abréviations difficiles à déchiffrer,
ces livres ne pouvaient être lus sans une étude prélimi-
naire. Le mot pauvre présente ici un double sens; il
ne signifie pas seulement dénué des biens de la terre,
mais encore dénué des biens de l'instruction. De même
que les « cathédrales sont des catéchismes de pierre »,
ces livres composés de planches étaient des catéchismes
en figures, parlant aux yeux des populations ignorantes
de ce temps, conformément à la parole de saint Grégoire :
« Quod legentibus scriptura hoc idiotis præstat pictura
cernentibus : quia in ipsa etiam ignorantes vident quod
sequi debeant : in ipsa legent qui litteras nesciunt unde
et præcipue gentibus pro lectione ».

« En outre, résumant en un petit nombre de pages les
connaissances essentielles du dogme, ces livres servaient de manuels aux pauvres clercs voués à la prédi-

de l'imprimerie; Maginus, au chapitre du royaume de Tangut,
pense que les Tartares la connaissaient plus de mille ans avant
nous.

Selon Étienne Zamozius, les Scythes seraient les véritables
auteurs de l'imprimerie. Cet écrivain appuie son assertion d'un
volume dont les caractères étaient placés du haut en bas, à peu
près comme ceux des Scythes. Mais Træsterius et Prosper Marchand, qui le citent, ont judicieusement observé que cette
preuve n'était d'aucun poids en faveur de Zamozius; plusieurs
peuples orientaux ayant eu, comme les Scythes, l'habitude
d'écrire de haut en bas.

cation. Le *Speculum humanæ Salvationis* *, ouvrage de ce genre, ne laisse pas de doute sur ce point : « Propter pauperes predicatores hoc apponere curavi », est-il dit dans la préface rimée. »

Au commencement de la *Biblia pauperum* de saint Bonaventure, se lit : « Incipit præclarum opus quod Biblia pauperum appellatur perutile omnibus prædicatoribus. »

De tous les livres dus à la xylographie, le plus célèbre, sinon le plus ancien, est la *Biblia pauperum* **;

---

* HEINECKEN en a donné divers *fac-similés* dans son ouvrage déjà cité, *Idée générale d'une collection complette* (sic) *d'estampes*.

Le tableau allégorique et historique sur la vie humaine, du philosophe Cébès, assez bien reproduit par divers graveurs du XVᵉ ou XVIᵉ siècle (grande composition d'après un maître dont nous ignorons la date, mais que les costumes peuvent aider à fixer l'époque à peu près certaine, et dont on trouve la description dans un volume français intitulé : *Tableau allégorique et philosophique de Cébès*, etc., traduit en français par l'abbé de BELLEGARDE, Trévoux, 1700), représente l'espèce humaine commençant son existence et marchant vers la scène du monde. Elle est reçue à l'entrée de la vie par diverses figures allégoriques représentant le *Vice* et la *Vertu* ; la *Séduction* lui tend ses pièges ; la *Morale* parle, engage, mais peu l'écoutent, etc. Il existe de ce curieux tableau une bonne gravure de N. J. Wischer. Sur ce genre de représentation allégorique, on doit consulter le *Manuel d'iconographie chrétienne grecque et latine*, publié et traduit d'après le manuscrit du mont Athos, par MM. DIDRON et DURAND, Paris, 1845, in-4°, p. 408, et surtout l'excellent commentaire du texte, p. 411 et suiv.

** Les efforts du clergé pour instruire le peuple dans la connaissance de la religion, dit Léon de Laborde dans son *Glossaire du moyen âge*, ont dû se modifier suivant le degré d'éducation qu'il avait développé lui-même ou qu'il rencontrait. Aux premiers siècles du christianisme suffirent les sculptures des cathédrales, les vitraux, les peintures sur les murs, et les légendes qui accompagnaient ces grandes compositions. Quand la lecture eut un plus grand nombre d'adeptes, les bibles abrégées écrites sur parchemin, historiées à l'usage du peuple, c'est-à-dire formées de compositions simples, de texte explicatif bref

Fig. 4. — Gravure de la *Bible des Pauvres*.

Fig. 6. — Gravure tirée de l'*Ars Moriendi*.

Fig. 5. — Gravure de l'école de Martin Schongauer tirée du *Rationarum evangelistarium* de 1503, et copiée sur la planche correspondante de l'*Ars Moriendi*.

Bona inspiracio Angeli contra desperacionem contra secundam teptacionem dyaboli dicit angelus Bona inspiracioz dicens o homo quare desperas licet enim tot latine pcta sint et homicidia ppetriisses quot sint maris gutte et arene etiam si solus totius mundi pctor omisisses Etiam si de eisdem nuncquam prius penitenciam egisses nec ea pfessus fuisses nec etiam modo ad cofitendu ea facultate haberes nichil ominus desperare non debes quia tali casu sufficit sola cotricio interior Teste psalmista Cor cotritum et humiliatu deus non despicies Et ezechiel ait Quacumcuncque hora apecctor ingemuerit saluus erit Vnde bernardus ait Maior est dei pietas cy quis iniquitas Et Augustinus plus pot deus misereri cy homo peccare In causu etiam quo tibi cotstaret cy de numero dapnandor esses nequaquam adhuc desperare debes eo cy desperacio nichil agitur nisi cy per eam pyssimus deus multo magis offenditur et alia peccata fortius aggrauiatur penacy eterna uscy in infinitum augmetatur Xps etiam pro peccatore rubus crucifixus est et no pro iustis ut ipe met testatur dicens No veni vocare iustos sed peccatores Exemplum habeas in petro xpm negante paulo ecciam psecnte mathco et zacheo publicanis Maria magdalena peccatrice in muliere dephensa in adulterio In latrone iuxta xpm in cruce pedente maria egypciaca cet

Nota cy cito infirmus sentit se teptari per desperacionem cogitet cy ipsa est peior et dapnabilior oibus peccatis et cy nucquam debet admitti ppter quecumcuncque etiam peccata Nam ut dicit augustinus Plus peccauit Judas desperando cy Judei crucifigendo xpm Sed cogitet cy utilis et necessaria est spes quia secundum crisostomum est salutis nostre anchora vite nostre fundamentum dux itineris quo itur ad celum Et ideo nucquam est relinquenda ppter etiam qualiacumcuncque peccata

dont quelques exemplaires figurent au nombre des richesses de la Bibliothèque nationale, et parmi celles du British Museum*.

Ce monument typographique se compose de planches imprimées d'un seul côté de la feuille ; quarante pour les éditions jugées les premières par nos devanciers, et cinquante pour les suivantes ; le tout accompagné de légendes et de vers léonins.

Dans ces planches, où l'auteur anonyme cherche à montrer comment les prophéties de l'Ancien Testament se trouvent vérifiées par le Nouveau, le texte et les dessins sont encadrés dans des baies d'architecture ogivale, avec colonnettes supportant par un tailloir cubique les extrémités de voûtes, soit en plate-bande, soit en arc surbaissé. Chacune est divisée en cinq parties formant ensemble une espèce de croix. En tête, deux figurines de personnages bibliques ; au-dessous, trois motifs : celui du centre est le type, les deux autres, les antitypes ; au bas, encore deux personnages de la Bible.

et facile, vinrent se joindre aux légendes murales. Les progrès de l'instruction populaire, lents d'abord, font des pas de géant ; la plume et le pinceau ne peuvent suffire aux demandes et aux besoins, Dieu donne des planches de bois gravées, et les histoires de la Bible, de la Vierge, de l'Apocalypse, se multiplient par l'impression. Cette xylographie est encore insuffisante ; Dieu accorde les types mobiles, et la Bible, texte et gravures, est mise à la portée de tous par l'imprimerie.

> Femme je suis, pauvrette et ancienne
> Qui riens ne scay, onques lettres ne leuz,
> Au Moustier voy, dont suis paroissienne,
> Paradis painct où sont harpes et luz
> Et ung enfer où dampnés sont boulluz.
> L'ung me fait paour, l'autre joye et liesse.... (Fr. Villon. *Test.*)

* Au British Museum, la réserve forme une sorte de musée typographique, et elle est répartie dans quatorze vitrines, où

Ainsi que nous en avons donné un exemple précédemment (voir fig. 98, tome deuxième), l'ordre des planches est établi par une lettre, de l'alphabet gothique, mise entre l'entablement du type et les figurines supérieures. Les vingt premières vont de 𝔄 à 𝔘, après quoi l'alphabet recommence ; seulement les lettres de la seconde série sont comprises entre deux points. Ces remarques peuvent servir à reconnaître les différentes éditions ; rien, pourtant, n'est bien positif à cet égard ; Heinecken avoue lui-même qu'il les a classées d'une manière un peu arbitraire.

L'édition où les lettres 𝔐, 𝔒, 𝔑, 𝔖 du second alphabet n'ont pas les deux points est considérée, par plusieurs bibliographes, comme étant la première.

Celle cotée 𝔓, 2ᵉ alphabet, où la tiare de Moïse est surmontée de deux cornes, est la seconde.

Celle où la même planche représente la tiare, avec un bouton à la place des cornes, est la troisième.

La quatrième est sans lettre d'ordre. Enfin les autres se distinguent par le nombre des planches.

Dans le cours de ses recherches, M. Berjeau découvrit au British Museum un livre hollandais, imprimé dès 1489, où 77 pièces des blocs originaux de la *Biblia pauperum* ont été introduites comme illustrations ; ce

les trésors bibliographiques sont exposés aux regards du public. Voici le contenu de ces diverses armoires : Nᵒˢ 1 et 2. Ouvrages xylographiques. — 3, 4 et 5. Spécimens des plus anciennes productions de l'imprimerie en Allemagne et dans les Pays-Bas. — 6. Idem en Italie. — 7. Idem en France. — 8. Idem en Angleterre. — 9 et 10. Spécimens d'impressions de luxe et miniatures. — 11. Spécimens de gravures sur bois ou en taille-douce. — 12. Livres avec autographes. — 13. Curiosités typographiques et littéraires. — 14. Reliures.

qui tend à établir définitivement l'opinion, généralement admise aujourd'hui, que les premiers livres
d'images sont dus aux Pays-Bas; que ces livres ont
été incontestablement le premier pas fait vers la découverte de l'imprimerie en caractères mobiles, et
qu'à ce titre les prétentions de Harlem ne sont pas
aussi vaines qu'elles le paraissent aux partisans de
Mayence et de Strasbourg.

Après la *Bible des Pauvres* et le *Speculum humanæ
Salvationis**, le *Livre des Cantiques*** est sans aucun
doute le plus intéressant des livres xylographiques. Sous
le rapport artistique, le dessin et la gravure des sujets
du *Cantique* surpassent même les deux premiers monuments de l'art au xve siècle, quoiqu'il appartienne
évidemment à la même école, celle de Van Eyck, et très
probablement au même graveur, Laurent Coster de
Harlem. Heinecken et presque tous les iconographes
allemands à sa suite s'efforcent d'attribuer à l'École
allemande l'exécution de ce petit chef-d'œuvre en
trente-deux dessins, imprimés d'un seul côté sur seize
pages in-folio; mais l'inscription flamande, sur la première page de l'exemplaire qui a appartenu à Scriverius, et qui fait aujourd'hui partie de la collection du

---

* Sur les ouvrages que nous signalons, sans en donner
une description détaillée, on pourra consulter le *Manuel du
libraire et de l'amateur de livres,* contenant : Un nouveau dictionnaire bibliographique, et une table en forme. de catalogue
raisonné par JACQUES-CHARLES BRUNET. Paris, 1860-1866, 6 vol.
— Supplément, par MM. DESCHAMPS et G. BRUNET. Paris, Didot,
1878-1880, 2 vol. Ensemble 8 vol. gr. in-8.
** Cf. *Canticum Canticorum,* reproduced in facsimile from the
Scriverius copy in the British Museum, with a historical and
bibliographical introduction by J. Ph. Berjeau. London : Trübner
and Co. 1860, in-fol. — *Archiv für die Zeichnenden Künste.*

British Museum, prouve assez l'origine néerlandaise de
ce livre. Il existe en Angleterre deux autres éditions,
également hollandaises, de ce *Livre des Cantiques;* mais
ce sont de grossières imitations de la première. On les
reconnaît à des négligences dans les détails de la gravure, à l'omission d'un des personnages dans un des
dessins, à des fautes d'orthographe dans les sentences
gothiques empruntées au cantique de Salomon, et à la
différence du terrain ou des rochers qui recouvrent
généralement le premier plan. Les bibliographes hollandais de Jongh, Schrijver (Scriverius), Seiz, Schel-
tema, de Vries, n'hésitent pas à attribuer la gravure
du *Livre des Cantiques* à Laurent Coster; et la plupart des bibliographes reconnaissent que les premiers
livres xylographiques appartiennent aux Pays-Bas*.

Leipzig, R. Weigel, 1855-1856, in-8°. — *Monuments typographiques des Pays-Bas au quinzième siècle.* La Haye, Martinus
Nijhoff, 1858, in-folio. — *Verhandelung over den Oorsprung der
Boeckdruck Kunst.* Haarlem, 1816, in-8°. — *Éclaircissements sur
l'Histoire de l'Imprimerie.* La Haye, 1843, in-8°. — A. Bernard.
De l'origine et des débuts de l'Imprimerie en Europe. Paris, 1853,
in-8°. — Pour de plus amples détails sur ces ouvrages, consultez
le *Catalogus Librorum,* xv° sæculo impressorum qui in Biblio-
thecâ Regiâ Haganâ asservantur auctore J. W. Holtrop. Hagæ
Comitum, 1856, in-8°.

* Un volume des plus rares, que l'on avait considéré longtemps
comme xylographique, est le *Spieghel van onser Behondenisse*
(le *Miroir de notre salut*) traduction hollandaise du *Speculum
humanæ Salvationis* ; in-fol. 60 feuillets. Le texte de cette édition
n'est pas xylographique, mais exécuté avec des caractères mobiles
en métal fondu. Ce texte est d'un caractère plus petit que
celui d'une autre édition hollandaise dont on connaît une dizaine
d'exemplaires. Le papier, de fabrique brabançonne, a les
mêmes filigranes que celui qui a servi à rédiger des comptes
et autres documents durant les vingt premières années du
xv° siècle, papier que l'on voit encore dans les archives ecclésiastiques de Harlem ; la traduction hollandaise est écrite dans

Nous signalerons encore parmi les Monuments xylographiques des plus rares, l'édition *Ars moriendi*, petit in-folio composé de 24 ff. imprimés d'un seul côté, 13 pour le texte et 11 planches; les pages de texte et les gravures sont entourées d'un triple filet noir, à l'exception des ff. 13 et 17, qui n'ont qu'un filet double.

Les gravures sont d'une exécution artistique et ont, sans les filets, une hauteur de 200 à 203 millimètres, et une largeur de 145 millimètres, le papier a pour marque la tête de bœuf.

Le texte du premier feuillet se termine par : « Pmo ut credat sicut bon⁹ »; l'édition n'a pas de signatures.

Sotheby, Ebert et Heinecken n'ont pas vu cette édition; et la Bibliothèque nationale, qui possède cinq

le pur dialecte de la Nord-Hollande, tel qu'il se parlait dans ces contrées à la fin du xvᵉ siècle ou au commencement du xviᵉ.

Voici une indication de quelques autres productions xylographiques:

Entkrist (ou *Liber de Antichristo*), in-fol., 27 feuillets imprimés d'un seul côté; figures et texte allemand gravés sur bois. Voir le *Manuel du libraire*, 1860, t. Iᵉʳ, col. 515; FALKENSTEIN, p. 26-27; la *Bibliotheca Spenseriana*, I, xxx. M. Olfen a inséré dans les *Mémoires de l'Académie de Berlin*, 1840, un travail sur le livre de l'Antechrist et sur les quinze signes précurseurs du jour du jugement.

Le curieux ouvrage d'HARTLIEB: *Die Kunst Cyromantia* (*l'Art de la chiromancie*), in-fol. sans date. Des figures sur bois représentent des hommes pendus, assassinés ou arrosés d'une pluie d'or, etc., le tout conformément aux pronostics que révèle la disproportion des lignes de la main.

Un *Exercicium super Pater noster* ou paraphrase de l'Oraison dominicale, 10 feuillets.

Les *Sept péchés capitaux* (en hollandais), 7 feuillets.

Un *Horarium* ou *livre de prières* dont il ne reste que des fragments.

Le *Zeitglocklein* ou *Petite horloge*, 16 feuillets. Les 14 premiers renferment 28 figures; les deux derniers n'offrent que du texte. Presque tous les sujets sont empruntés à l'histoire de la

éditions de cette xylographie, n'en a aucune que l'on puisse lui assimiler.

En résumé, les débris de l'ancienne xylographie, de cette sœur aînée de l'Imprimerie, employée à l'enseignement religieux et moral d'une génération pour qui tout autre livre eût été inintelligible, sont de la plus grande rareté.

Lorsque Gutenberg eut appliqué son procédé d'impression et que ce procédé eut été popularisé, d'abord par ses associés Fust et Schoiffer et ensuite par leurs imitateurs dans les différents pays, on reconnut promptement l'avantage de tailler à part, dans le bois ou dans le métal, des sujets isolés, qu'on pouvait placer à côté ou entourer des caractères nouvellement inventés.

Le plus grand nombre des incunables furent illustrés d'abord d'une seule gravure au commencement, en guise de frontispice, ensuite de quelques sujets placés en tête de la première page et des principaux chapitres, enfin d'un certain nombre de scènes répandues dans le texte ou intercalées habilement dans les planches typographiques.

Passion. Dès le premier feuillet on voit l'Enfant Jésus tenant un marteau pour frapper les heures sur une cloche suspendue près de lui.

Mirabilia Romæ, sorte de guide du voyageur à Rome ; texte allemand, in-8, dont on ne connaît que quatre ou cinq exempl.; DIBDIN l'a décrit, *Ædes Althorpianæ*, t. II, p. 188.

Der Beichtspiegel ou *le Miroir de la pénitence*, petit in-4° de 8 fts, sans chiffres, réclames, ni signatures. On en trouve la description accompagnée d'un fac-similé dans les *Reminiscences of a literary life* de DIBDIN, London, 1856, t. II, p. 962 ; et dans l'*Histoire de l'Imprimerie* (en allemand), par FALKENSTEIN, Leipsig, 1840, p. 42.

Planeten Buch ou *Le livre des planètes*, in-4°, 6 feuillets, livret qui est annoncé au Catalogue Libri (1859, n° 2807) comme inconnu aux bibliographes.

Les *Figures du Vieil Testament et du Nouvel* imprimées par Vérard, circa 1500, in-folio, sont un des magnifiques spécimens de cette illumination de gravures,
où le peintre a perfectionné à sa guise l'œuvre du graveur. Ce livre de Vérard, renferme les quarante gravures de la *Bible des Pauvres*, plus un texte en français, le texte latin était sans doute intercalé à la main
entre les gravures du livre xylographique original. Les
bois qui servirent à l'impression des gravures de ce
livre curieux eurent le même sort que ceux des premiers livres xylographiques. Ils furent dépecés et intro-
duits plus tard dans d'autres publications, où ils n'a-
vaient assurément rien à faire ; il s'en retrouve deux
dans le *Grand Voyage de Jérusalem**, imprimé à Paris
par François Regnault, in-4°, 1522. On ne les trouve pas
dans l'édition de 1517, donnée par le même imprimeur.

« Ces livres, écrit M. Jules Le Petit, parurent en concurrence avec les xylographes, que l'on continua encore
à fabriquer, à de rares intervalles, pendant plusieurs
années. D'ailleurs, diverses copies des productions xylographiques se publièrent en plusieurs pays, les unes
figures et texte gravés, mais dans des formats différents, les autres avec texte imprimé en caractères de
typographie. »

---

* Dans ce livre hollandais, intitulé *Die passye ende dat liden
ons heren ihesu*, imprimé à Zwolle, par Peter Van Os en 1489,
in-4°, on trouve répétée jusqu'à neuf fois la gravure formée du
compartiment supérieur du fol. 15 et de la moitié de celui du
fol. 29 de la *Bible des Pauvres*. Ces portraits de prophète, non
seulement sont fort peu élégants, mais ils ne sont pas de la
même hauteur. Le portrait emprunté au fol. 29 et ajouté à
droite, est plus haut que les deux autres portraits des prophètes d'Osée et David.

On sait que le mot incunable, dérivé du latin *Incu-nabula-orum*, berceau, couche, lit, *Ab incunabilis*, dès le berceau, est adopté en bibliographie, pour désigner les ouvrages imprimés avant l'an 1500.

Si l'on veut s'en tenir à un chiffre raisonnable, on peut évaluer, le nombre des éditions incunables à 14 000 environ *; quelques-unes seulement sont précieuses, telles sont celles imprimées de l'origine de l'imprimerie à 1470, ainsi que les éditions originales des auteurs classiques, les ouvrages imprimés en langue moderne, et ceux dont les éditions se recommandent comme offrant les premières productions de l'art typographique dans telle ou telle localité : les in-folio consacrés à la scolastique, à la controverse, au droit canon ou romain, à la médecine, sont complètement délaissés, à moins que quelque circonstance exceptionnelle, le tirage sur vélin par exemple, ne leur donne du prix ; et ce serait une bibliographie, aussi curieuse qu'utile, pour l'histoire de l'imprimerie, que celle qui serait consacrée spécialement à la description des incunables exécutés au xv⁰ siècle dans les villes de France, par ces ouvriers typographes ambulants qui, pour la plupart, avaient vu l'imprimerie à son berceau, soit à Mayence, soit à Strasbourg, soit à Bamberg, et quittaient l'Allemagne et venaient, avec leur petit bagage de caractères, de casses, de presses, offrir leurs services aux maisons religieuses ou autres**.

---

* PETIT-RADEL, dans ses *Recherches sur les Bibliothèques*, Paris, 1819, in-8⁰, évalue à cinq millions environ de volumes, les productions typographiques antérieures à l'an 1500 ; nous croyons ce chiffre exagéré d'un tiers.

** Consulter à ce sujet : BEUGHEM (Cornelius à). *Incunabula*

Les premiers imprimeurs, ainsi que nous l'avons mentionné dans le précédent volume, ne tiraient pas, en général, plus de trois cents exemplaires d'un ouvrage. Le papier, le parchemin, la presse, les enlumineurs, les correcteurs nécessitaient de grandes dépenses; de là la rareté, la cherté même des livres en première édition. On imprimait tout au plus trois cents feuilles par jour; cette petite quantité procédait du défaut des presses, qui n'avaient ni la mobilité, ni le roulement des nôtres. Il est probable qu'on en employait plusieurs pour l'impression d'un même ouvrage.

Un des incunables les plus remarquables est la *Biblia sacra latina* e versione et cum præfatione S. Hieronimi, *S. l. n. d.* (Moguntiæ, per Gutenberg* et

typographiæ sive Catalogus librorum scriptorumque proximis ab inventione Typographiæ annis, usque ad annum Christi M. D. inclusive, in quavis linguâ editorum : Opusculum sæpius expetitum. Notisque historicis, chronologicis et criticis intermixtum.... Amstelodami, apud Io. Wolters. 1688, in-12. — HAIN (Ludovicus). *Repertorium bibliographicum, in quo libri omnes ab arte typographica inventa usque ad annum MD typis expressi ordine alphabetico vel simpliciter enumerantur, vel adcuratius recensentur.* Sumtibus J.-G. Cottæ Stuttgartiæ et Jul. Renouard Lutetiæ Parisiorum. 1831-1838, 4 vol. in-8°; et MADDEN (J.-P.-A.). *Lettres d'un bibliographe.* — 1re Série. Versailles, Aubert. 1868. — 2e Série. *Ibid.* 1873. — 3e Série. *Ibid.* 1874. — 4e, 5e et 6e Séries. Paris, Leroux. — Ensemble 6 vol. et atlas.

* La première mention positive du nom de Gutenberg comme typographe date de 1474. Elle se trouve dans une *Chronique* anonyme *des souverains pontifes et empereurs,* imprimée à Rome par J.-Ph. de Lignamine, auteur présumé d'une partie de cette chronique. Sous l'année 1459, l'auteur enregistre ce fait : « Jacques (*sic*) Gutenberg, originaire de Strasbourg (*sic*), et un autre appelé Fust, très habiles dans l'art d'imprimer avec des caractères de métal sur parchemin, impriment chacun (*quisque eorum*) trois cents feuilles par jour, à Mayence, ville d'Allemagne. » Ce passage, devenu célèbre, est très important pour l'histoire personnelle de Gutenberg, en ce qu'il constate qu'après sa séparation de Fust il continua de diriger un établissement

Fust, circa 1456). 2 vol. in-fol., 524 et 517 feuillets. Cette première édition de l'Écriture sainte, le premier livre exécuté en caractères de métal par Gutenberg et Fust, est généralement connue sous le nom de *Bible Mazarine*, parce que le premier exemplaire connu est celui qui figurait dans la bibliothèque du cardinal Mazarin (voir fig. 149, tome deuxième). Cette édition est imprimée à deux colonnes, en lettres dites de forme. Chaque colonne contient 42 lignes de texte, sauf pour les neuf premières pages, qui contiennent 40 lignes, et la dixième 41 lignes. Quelques bibliographes la citent sous le nom de *Bible de 42 lignes*.

On ne connaît que sept exemplaires sur vélin de ce précieux monument de l'imprimerie. L'exemplaire de la vente Perkins, vendu en 1873, et adjugé au prix de 85 000 francs, avait quatre feuillets refaits (officiellement annoncés) et de nombreux raccommodages. Cette première édition de la *Bible* est un véritable chef-d'œuvre de typographie. Le prix atteint en vente publique à Londres, il y a quelques années, pour un aussi bel exemplaire a été de 5950 l. st. (99 725 francs).

Le livre le plus précieux de la collection du comte d'Ashburnham * (vendue à Londres en 1897) était un exemplaire de cette *Bible* sur vélin. Cet exemplaire est orné de 123 lettrines admirablement enluminées, et les

indépendant et très actif; mais il n'est d'aucun secours pour la solution du problème touchant l'invention de l'imprimerie dont il ne dit mot, contrairement à ce que prétend M. Van der Linde qui veut y trouver ce qui n'y est pas (voir p. 77 de son ouvrage sur Gutenberg).

* C'est le quatrième duc d'Ashburnham né en 1797, qui commença dès l'âge de dix-sept ans à former cette bibliothèque, qu'il ne cessa un seul instant d'augmenter jusqu'à sa mort (1878).

marges en sont décorées de la façon la plus riche ; l'importance et l'intérêt d'un tel livre n'ont pas besoin d'être démontrés, et sa rareté ressort suffisamment de ce fait que, depuis trente ans, trois exemplaires seulement ont passé en vente publique*.

La force et la beauté du vélin, et du papier pour les exemplaires qui en ont été tirés, l'éclat de l'encre, la régularité du tirage, font de ce volume un monument admirable du degré de perfection que, dès son origine, l'art typographique sut atteindre.

Sous le rapport de la priorité, il faut placer, avant cette *Bible*, un placard qui fut exécuté en 1454, conte-

* A la vente de la bibliothèque du comte d'Ashburnham, célèbre à plus d'un titre, d'abord par l'importance et la valeur exceptionnelles des collections qu'elle comprenait ; puis parce qu'elle avait contenu, pendant un trop long temps, les plus précieux des livres et des manuscrits dérobés par Libri * tant à la Bibliothèque nationale qu'à la Mazarine, aux bibliothèques de Troyes, de Grenoble, de Carpentras et à tant d'autres, les prix d'adjudication ont été très élevés. En voici quelques-uns : *Fabulæ et Vita*, d'Esope, édition d'Augsbourg, 1525 francs, *Historia del popolo fiorentino*, de l'Arétin, Venise, 1476, 1850 francs ; *Ethique*, d'Aristote, traduite en latin, Oxford, 1479, 3025 francs ; *Fabulæ italicæ*, Naples, 1485, 5075 francs ; *Anthonii Andree... super duodecim libros metaphysice questionibus*, Londres, Letton, 1480, 5775 francs ; Aristote, *Opera varia*, sur parchemin, imprimé à Venise par André d'Asula, en 1483, 20000 francs. Dame Juliana Barnes, *Book of Hawking and Haunting*, en 12 éditions différentes, 30000 francs : *Biblia Pauperum*, 26000 francs ; *Dicts or Sawings of the Philosophers*, 35000 francs ; *Don Quichotte*, première édition anglaise, 2658 francs ; le même ouvrage, 2° édition, 700 francs (avait été acheté 70 francs, en 1860).

* L'aïeul du comte les avait achetés à Libri, après que celui-ci se fut réfugié en Angleterre, et ils restèrent longtemps en sa possession. Mais on sait que M. Léopold Delisle, grâce à de patientes négociations, où les échanges prirent une assez grande place, réussit à faire rentrer en France la plupart de ces livres et manuscrits, et que les vides faits dans nos collections nationales, par l'improbité de Libri, sont aujourd'hui à peu près comblés.

nant : *Nicolai Pontif. Max. Litteræ Indulgentiarum pro regno Cypri.* Le pape Nicolas V avait, le 12 août 1451, accordé des indulgences aux fidèles qui aideraient de leur bourse la cause du roi de Chypre menacé par les Turcs ; il s'ensuivit que des *Lettres d'indulgences* furent imprimées à Mayence en 1454 et 1455 (voir fig. 126, 127, 138, tome deuxième).

M. Léon de Laborde, dans un travail paru en 1840, à Paris : *Début de l'imprimerie à Mayence et à Bamberg, ou descriptions des Lettres d'indulgences du pape Nicolas V,* constate l'existence de dix-huit exemplaires différents des Lettres d'indulgences. On n'en connaît, dit-il, que cinq épreuves ; mais, comme il y a dans ce nombre deux tirages différents, le chiffre des éditions se réduit réellement à trois, et il assure qu'il n'existe que deux exemplaires de l'édition dite de 31 lignes*. Nous citerons aussi le *Psalmorum Codex,* Moguntiæ, J. Fust et P. Schoiffer, 1457, qui est le premier livre imprimé avec date ; il est presque aussi rare que le *Psalterium* de 1459**, dont on connaît dix exemplaires, tandis

---

* Ce ne fut pas d'après la bulle d'indulgence accordée par un pape que se vendirent à cette époque les indulgences, comme tant de personnes le croient, mais bien d'après la délivrance du diplôme octroyé par le roi de Chypre. Cf. les historiens cités par BERGIER sur cette matière, *Dictionnaire de théologie,* verbo *Indulgences*; et institution des indulgences, médailles du pape Pie VIII, *Numismata pontificum,* du père DUMOLINET, in-folio, pl. xx, n° 3. Dans celui de BONANNI, *Histor. summ. pontificum comprobata numism.* in-folio, médailles de Pie VIII, et les diverses publications de la *Vie des papes,* par CIACONIUS, PALATIUS, les BOLLANDISTES, au nom de ce pontife.

** Deux feuillets du *Psalmorum Codex* de Mayence, 1459, furent sauvés de la destruction par M. Renouard qui les avait décollés d'une reliure en bois des Clémentines de 1460 ; et les conservait comme un curieux specimen des deux fameux Psaultiers de

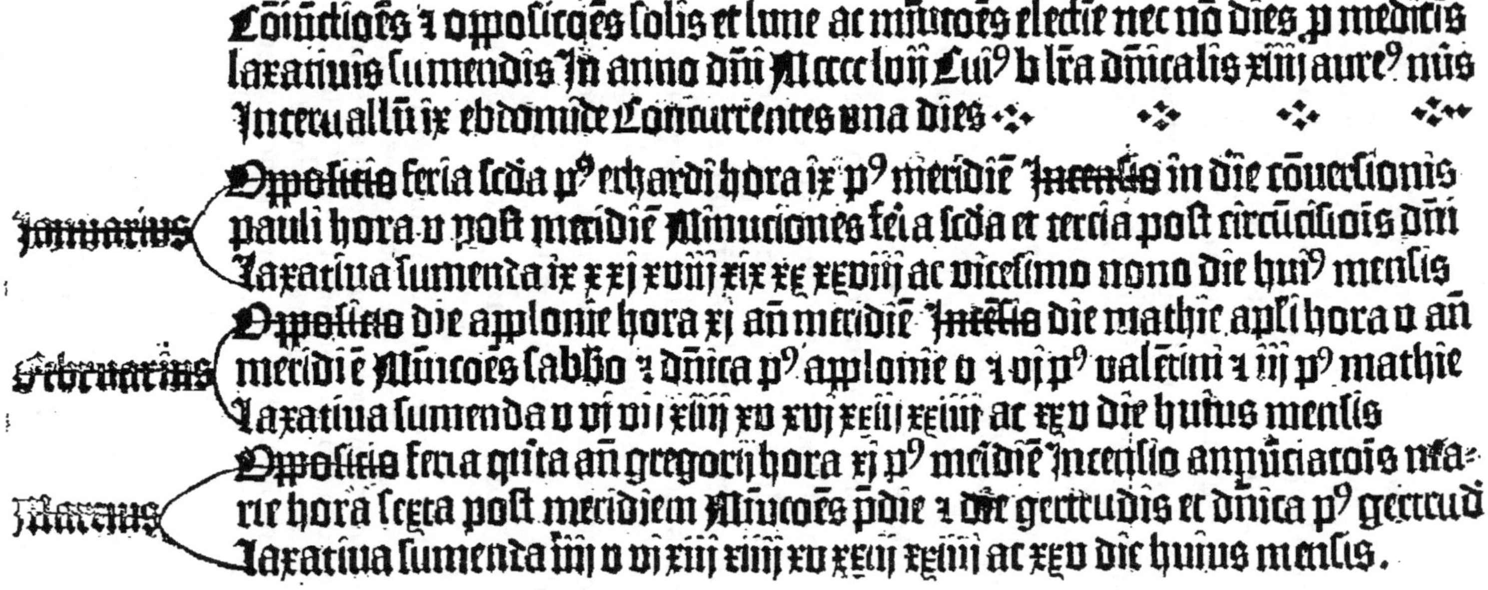

Fig. 8. — Monumentum typographicum anni 1457 Joannis Gutenberg, detectum a G. Fischer, Professore et Bibliothecario Mogantino.

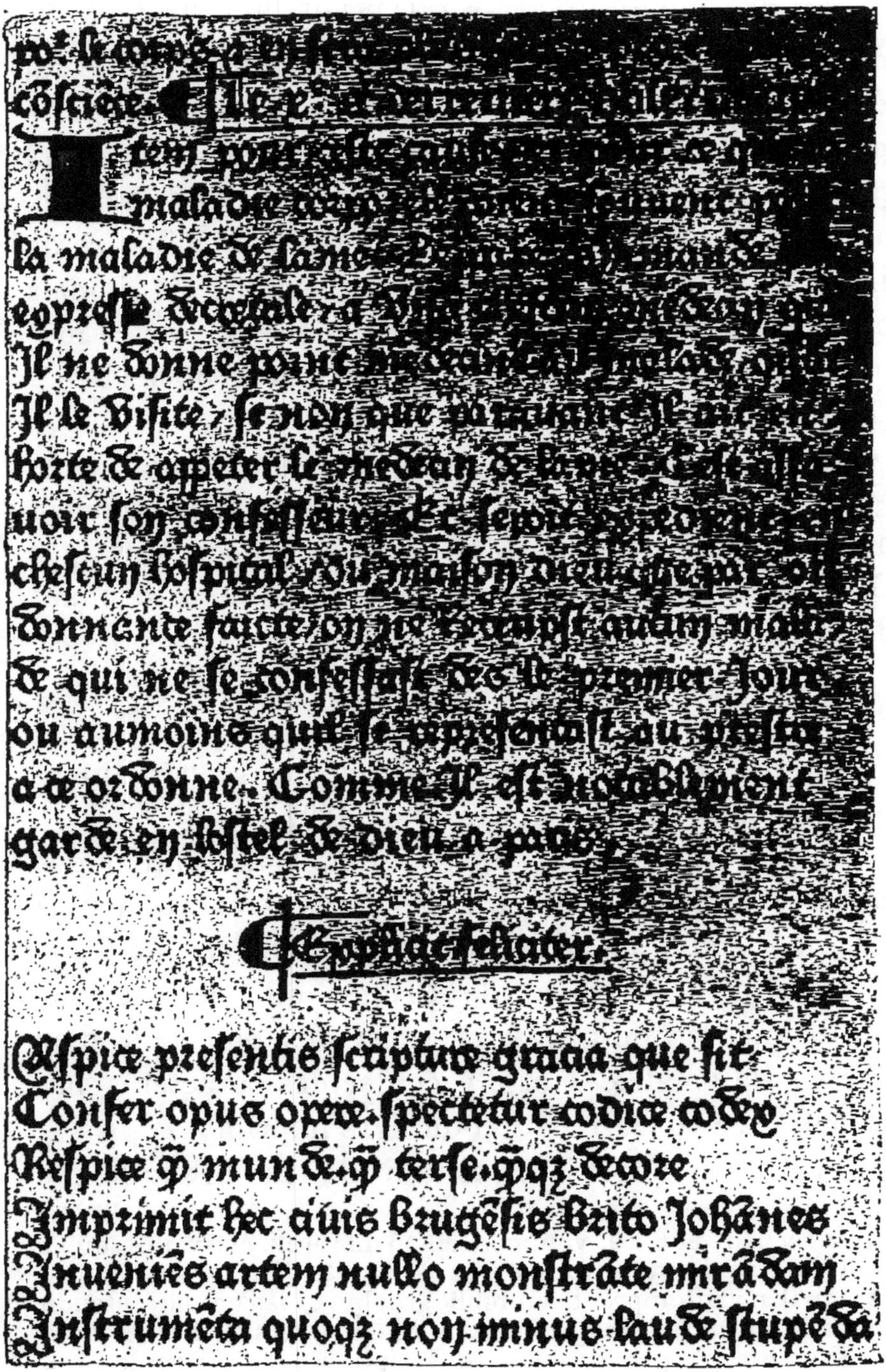

poᵘ le corps...

costière. ¶ Le ... de ...

Item pou ...
maladie ...

la maladie de l'âme ...
eopresse de chault ...
Il ne donne poinct ... malade ...
Il le visite, se non que ...
forte de appeter le medecin de l'ame ...
uoir son confesseur. Et ce fou ...
chescun hospital ou maison dieu ...
ordonnance faicte, on ne ... aulcun malade
de qui ne se confessast de ... le premier iour
ou au moins quil se representast au ...
a ce ordonne. Comme il est acoustumement
garde en lostel de dieu a paris.

¶ Explicit le doctrinal.

Aspice presentis scripture gratia que sit
Confer opus opere. spectetur codice codex
Respice ꝗ munde. ꝗ terse. ꝗꝗ decore
Imprimit hec ciuis Brugesie Brito Johānes
Inueniēs artem nullo monstrate mirādam
Instrūmēta quoqꝫ non minus laude stupē da

Fig. 9. — Dernière page du *Doctrinal* de Jean Gerson,
imprimé par Jean Brito. 1445 (?)

qu'on ne signale que huit exemplaires de celui de 1457 (voir fig. 146 et 147, tome deuxième). L'exemplaire Thorold (édition de 1459), après une lutte des plus acharnées, a été adjugé, il y a quelques années, au prix de 4950 l. st. (123 750 francs), à un libraire de Londres. C'est le prix le plus élevé qu'ait jamais obtenu un volume isolé; on s'attendait à voir ce monument typographique payé au plus 3000 l. st. (75.000 fr.).

Un autre incunable du plus haut intérêt se trouve à la Bibliothèque nationale de Paris; c'est un almanach ou annuaire de l'an 1457, qui fut découvert par G. Fischer parmi les papiers mis au rebut provenant des archives de Mayence (voir fig. 8).

La question de l'invention de l'imprimerie par Gutenberg a été discutée à nouveau en 1897.

D'après M. Gilliodts van Severen, conservateur des archives de la Bibliothèque de Bruges et auteur du volume *l'Œuvre de Jean Brito, prote typographe bourgeois*, c'est Jean Brito de Bruges qui, le premier, aurait imaginé de graver en relief des poinçons, d'en frapper des matrices et d'y couler des caractères par la fonte : ce fut la création du livre imprimé.

Dans la galerie d'exposition de la Bibliothèque

Mayence, 1457 et 1459, volumes tellement rares, écrivait-il, qu'ils n'ont pu être vus et examinés que par très peu de personnes, bien qu'il n'y ait apprenti en bibliographie qui n'en ait entendu vanter la rareté et l'importance. A ces feuillets, il avait ajouté une exacte copie gravée de la souscription de l'édition de 1490. Nous ignorons ce que ces précieux feuillets sont devenus.

nationale de Paris, au milieu des incunables sortis des presses de Colard Mansion, une modeste place est attribuée à un livre ainsi désigné au catalogue : « Gerson. — Copie de deux grands tableaux, Bruges. Impr. par Jean Brito ; in-4° ». Ce volume de 52 feuillets est l'unique exemplaire complet d'une édition du *Doctrinal* de Jean Gerson, le célèbre chancelier de l'Université de Paris, mort en 1429. Quelle que soit la valeur des richesses bibliographiques qui l'entourent, il mériterait, selon M. Gilliodts van Severen, la place d'honneur. C'est le premier livre imprimé en caractères mobiles de fonte qui soit parvenu jusqu'à nous. Ce livre, dont l'*Illustration* a donné un fac-similé dans son numéro du 19 mars 1897 (voir fig. 9), remonterait au moins à 1445, et serait l'ancêtre direct des millions de volumes qui ont été imprimés depuis. Pour les besoins de son commerce, par souci de sa réputation, par fierté de sa découverte, Jean Brito, quand il publia vers 1445 le *Doctrinal* de Gerson, affirma sa qualité d'inventeur. Sa parole de bonne foi ne fut pas contredite par ses concitoyens, dont il conserva l'estime jusqu'à sa mort. Aujourd'hui l'opinion publique, habituée au nom de Gutenberg, n'apprendra certainement pas celui de Brito ; mais les bibliographes mettront peut-être trop d'obstination à le méconnaître.

Après ces quelques renseignements relatifs aux xylographes et aux incunables, revenons à ce qui forme le but principal de ce Chapitre : *La décoration intérieure des Livres*. Parmi les livres illustrés du xve siècle, le livre si rare intitulé *Defensorium Virginitatis Mariæ Virginis*, imprimé en Allemagne vers 1470, est illustré de cinquante-trois planches, intéressantes au point de vue de l'histoire de la gravure sur bois, dans les premières époques où elle fut employée à côté de la typographie. Cet ouvrage, où l'auteur expose les plus curieuses raisons tendant à défendre la conception immaculée, a figuré à la vente Solar, où il fut décrit sous un autre titre, que lui donne aussi le *Manuel du libraire* de J.-Ch. Brunet, *Historia Virginis Mariæ, exemplis naturalibus comprobata et figuris ligno incisis representata*. Ce livre rarissime a fourni, en 1853, la matière d'un article intéressant inséré au *Bulletin du Bibliophile et du Bibliothécaire*; c'est évidemment l'un des premiers livres imprimés avec gravures, en caractères mobiles. Le plus ancien connu est l'ouvrage de Turrecremata, *Meditationes*, imprimé à Rome, par Ulrich Han, en 1467, qui a le très grand avantage d'être daté et d'offrir par conséquent un document certain, précis, pour l'histoire de la gravure dans les livres. Il contient trente-quatre gravures sur bois.

Nous citerons aussi le *Rosarium beatæ Mariæ Virginis*, de format in-16, orné de remarquables figures sur bois de l'école de Cologne, et imprimé à Gouda, chez Gérard de Leeu, en 1479 : c'est un fort curieux spécimen des premiers essais de gravure en petit format, peut-être même le premier*; le fameux ouvrage mystique

---

* Ce petit volume a été décrit longuement par M. Campbell, dans ses *Annales de la typographie néerlandaise*, qui le considérait comme une insigne rareté.

Itinerarium beatæ Mariæ Virginis, imprimé vers 1485, à Memmingen, par Albert Kune, et renfermant des gravures sur bois d'un dessin remarquable; puis les apologues de Bidpay, *Directorium humanæ vitæ*, traduction latine de Jean de Capoue, imprimés à Augsbourg vers 1480, l'un des plus anciens recueils de fables ornés de gravures sur bois (ces deux derniers ouvrages, illustrés par des artistes allemands); enfin comme spécimen de l'art italien dans les mêmes années, les *Opuscula* de Philippus de Barberiis, publiés, et sans doute aussi imprimés, par Philippe de Lignamine, à Rome en 1481. Cet ouvrage, rare autant que célèbre, parce qu'il renferme des planches gravées en relief sur métal, contient en 29 figures la représentation des 12 prophètes, des 12 sibylles, de 5 autres personnages, savoir: Proba Falconia, le Christ, la Vierge, saint Jean-Baptiste et Platon.

La gravure sur bois prit un essor rapide vers la fin du xvᵉ siècle, les artistes les plus remarquables concourent à l'ornément et à l'illustration proprement dite du livre, en traitant toutes sortes de sujets, les plus extraordinaires comme les plus fantaisistes, et cela non seulement dans une région, en Allemagne, mais aussi dans toute l'Europe latine, en France, en Italie, en Espagne, en Hollande. Le livre s'anime alors sous l'expression des dessins et des ornements; il s'imprègne d'art, il s'impose en même temps qu'il fait connaître et apprécier ces maîtres qui ne dédaignaient pas de devenir de puissants *ymaigiers*.

Les débuts mêmes des images dans les livres ont été assez modestes; les imprimeurs, dès l'origine, au

lieu de confier à des artistes de profession et de talent
l'exécution de la gravure des planches, se contentaient
d'en charger des tailleurs de bois.

« Cette assertion, selon M. Ambroise-Firmin Didot, est
même confirmée à l'inspection du premier livre imprimé
typographiquement par Pfister, les *Fables* de Boner,
où, sur la première planche, on voit des enfants ne se
distinguant guère des singes que par le costume. Dans
les livres imprimés par Bæmler et Antoine de Sorg,
dès 1477, les figures sont tout aussi grossièrement
exécutées.

« L'art de tailler le bois nous montre un véritable
progrès dans les planches qui ornent le *Voyage en Terre
Sainte* de Breydenbach, imprimé en 1486, à Mayence,
par Erhard Reuwich....

« Dans la *Chronique de Nuremberg*, 1492, la rudesse
de la taille du bois ne diffère guère de ce qu'elle était à
l'origine de la gravure (voir fig. 100, tome deuxième).
On remarque cependant dans quelques planches une
certaine entente de l'effet, c'est-à-dire d'ombres fortement accusées par des tailles plus épaisses et plus ser-
rées, afin de donner du relief aux objets. Mais le peu
d'art et de science du dessin et l'inhabileté de l'exécution font de cet ouvrage (qui fut le précurseur de
l'Illustration), plutôt un livre d'images que d'art. Les
gravures au nombre d'environ deux mille sont de
Wohlgemüth et de Pleydenwurff. »

La gravure sur bois se développa presque simulta-
nément en Italie, en France, en Allemagne.

C'est à Lyon, en 1482, que la traduction du *Belial*
qui porte pour titre : *Le procès de Belial, procureur de*

l'Enfer, etc..., le plus ancien livre en langue française orné de gravures sur bois, a été imprimé. Comme nous l'avons déjà mentionné, les premières gravures sur

Les troys grans.

Fig. 10. — *Les troys grans*. (A la fin) : Cy finent les troys grans. C'est assavoir Alexandre, Pompee et Charlemaigne. S. l. n. d. Pet. in-4° goth. de 9 ff., fig. sur bois.
Monologues dans lesquels Alexandre, Pompée et Charlemagne exposent les principaux événements de leur vie.
Chaque monologue est précédé d'une figure sur bois. Lyon, 1490 (?).

bois ne servirent qu'à imprimer les contours des figures, ces dernières étaient souvent remplies au moyen

de couleurs vives, opaques, posées en gouache. Tels
étaient la plupart des livres d'heures illustrés et
coloriés, comme ceux de Vérard, de Geofroy Tory, etc.
Les gravures de quelques ouvrages, et en particulier
des livres d'heures, n'ont pas été exécutées dans le sens
du livre, d'après son texte ou en harmonie avec l'ensemble
typographique; les imprimeurs utilisaient les planches
xylographiques qui existaient alors, faites bien anté-
rieurement à l'impression même du volume; ils en
adaptaient les bordures, ils en prenaient les sujets qui
paraissaient le mieux convenir et bloquaient le tout
dans le texte. Dans ses travaux, Berjeau mentionne
que ce procédé fut fréquemment employé en France,
en Allemagne et en Hollande, tandis qu'il est assez
rare en Italie.

On ignore les noms des premiers graveurs sur bois
de notre école française qui n'était nullement éclipsée
par les autres écoles, et rivalisait de facture, de composition et de technique avec elles.

C'est en Italie que la gravure sur bois fut réellement
pratiquée avec art, et les productions de ce pays méritent d'être citées. M. le vicomte Henri Delaborde a
consacré tout un travail, aux livres illustrés qui ont
été imprimés et publiés à Venise.

« Considérées dans leur ensemble, écrivait-il, les nombreuses gravures en bois publiées à Venise à partir de
l'année 1490 attestent chez ceux qui les ont faites une
singulière intelligence des combinaisons ornementales
et, de ce côté, des ressources d'imagination que les
estampes florentines elles-mêmes ne permettent, ni aussi
généralement, ni aussi sûrement, de constater. Les

lettres capitales entremêlées de figures fantastiques ou
réelles, les frontispices ou les encadrements de page,
les marques d'imprimeurs même*, ont dans les livres
vénitiens une richesse et une élégance telles, que l'intérêt qu'on y prend équivaut presque à celui qu'excitent
d'ordinaire des images formellement vraisemblables et
des sujets nettement définis. D'ailleurs, si la gravure
en bois à Venise doit en grande partie sa prééminence
à l'habileté avec laquelle elle est pratiquée dans le
domaine de la pure décoration, il ne s'ensuit pas, tant
s'en faut, qu'elle soit inférieure à elle-même là où il
s'agit de traduire des scènes d'une physionomie moins
arbitraire, ou de représenter des personnages contemporains. Que de compositions savamment calculées à
côté de ces témoignagnes, si libres en apparence, du
caprice! Que de figures absolument vraies ou finement
expressives en regard de ces associations d'animaux
chimériques, de plantes empruntées à une flore imaginaire, de fragments architectoniques choisis pour le
simple amusement du regard ou pour les besoins de la
ligne! Même abstraction faite du surcroît d'importance
que leur donnent les ornements typographiques dont ils
sont enrichis, même à ne tenir compte que des estampes
proprement dites qu'ils renferment, les livres publiés
à Venise aux approches ou au commencement du

---

* Il nous suffira de citer, entre bien d'autres, les marques de
Lucantonio Giunta, d'Alde l'ancien, d'Ottaviano Scoto, de Bat-
tista de Tortis, de Giorgio Rusconi, de Gregorio de Gregoriis,
enfin et surtout un véritable chef-d'œuvre en ce genre, la grande
marque en blanc sur fond noir placée au commencement des
Enneades seu Rhapsodiæ historiarum de Sabellico, imprimées
en 1498.

Fig. 11. — Frontispice de la *Commedia di Dante*. Venise, 1491.

VMANA COSA E·LHAVER COMPASSIONE
A GLI AFFLITTI. e come che a ciaschuna psona stia
bene a choloro massimaméte e richiesto liquali gia hā
no di conforto hauuto mistieri: & hanolo trouato in al
cuno fra liquali se alcuno mai nebbe:ogli fu caro o gia
ne riceuete piacere .Io sono uno di quelli p cio che dal
la mia prima giouenezza insino a questo tempo :oltra
modo essendo stato acceso da altissimo & nobile amo
re forse piu assai chella mia bassa conditione non pare
be narrendolo io si richiedesse : quantunque doppo
coloro che discreti erano: & alla cui noticia pueni:cio ne sussi lodato & da mol
to piu reputato.   Non dimeno mi fu egli di gradissima satica a soffrire:certo
non per crudelta della donna amata:ma per soucchio amore nella mente con
cepto da pocho regolato appetito .liquale percio a niuno regolato coueneuo
le termine milascia contento stare piu di noia che di bisogno nō eta spesse uol
te sentire mi facena.   Nella qual 'noia tanto refrigerio mi portero li piaceuoli
ragionamenti dalcuno amico & le delecteuole sue cōsolatiōe che io porto fer

Fig. 12. — Frontispice du *Décameron*. Venise, 1492.

xvie siècle méritent d'être classés au premier rang parmi les œuvres en ce genre que nous a léguées l'art italien. Et ce n'est pas seulement à l'époque des débuts, c'est aussi dans la période suivante, au temps de Titien comme au temps de Jean Bellini, que les progrès de la gravure en bois se déterminent ou se continuent, et que les preuves de talent se multiplient à Venise avec plus d'éclat que nulle part ailleurs en Italie.

« Dans les livres publiés à Florence, non seulement la plupart des vignettes jointes aux *Traités* ou aux *Sermons* de Savonarole sont gravées avec ce parti pris de *chiaro-scuro*, avec ces oppositions systématiques de tons foncés dans les terrains ou dans les fonds, et de corps en pleine lumière*, mais les planches que contiennent des livres publiés à Florence après la fin du xve siècle sont conçues dans le même esprit et gravées suivant les mêmes procédés. Celles qui accom-

---

* Entre bien d'autres planches traitées de la même manière, il suffira de citer celle qui représente *Jésus-Christ au jardin des Oliviers* et *Le Portement de croix* dans le *Tractato o vero sermone della oratione*, imprimé à Florence par Antonio Mischomini, 1492 ; *La Mort planant au-dessus de quatre figures étendues à terre, la Mort montrant d'une main le ciel et, de l'autre, l'enfer à un jeune homme* ; *Un Mourant assisté par un moine dominicain*, dans le *Discours sur l'art de bien mourir*, discours dont Savonarole lui-même avait recommandé l'impression, dans la péroraison du premier de ses sermons sur Ézéchiel pendant l'Avent de 1496, en insistant « pour qu'on y ajoutât des figures, afin que les Florentins pussent se pénétrer des vérités qu'il avait mises en lumière » ; enfin *Un Fidèle priant dans une chapelle* et *Un homme et une femme en prière devant un autel*, dans le *Traité de l'oraison mentale*. Tous les détails relatifs à la publication des divers opuscules de Savonarole et aux vignettes dont ils sont ornés ont été d'ailleurs soigneusement recueillis par M. Gustave Gruyer dans un ouvrage intitulé : *les Illustrations des écrits de Jérôme Savonarole*, Paris, 1879, et le mieux est de renvoyer, pour plus d'informations, le lecteur à cet ouvrage tout spécial.

pagnent le texte d'un ouvrage imprimé en 1508, le *Quatriregio** par Federico Frezzi, évêque de Foligno, fournissent un témoignage concluant de cette permanence de la tradition et de l'empire qu'elle exerçait encore sur les graveurs florentins contemporains d'Albert Dürer et de Marc-Antoine.

« L'ouvrage de l'évêque de Foligno n'a d'autre importance, et ne peut garder aujourd'hui d'autre valeur, que celle qu'il emprunte des élégantes vignettes dont il est orné. A peu près calqué sur le plan de la *Divine comédie*, il consiste dans le récit, d'ailleurs singulièrement diffus, d'un voyage imaginaire à travers les « Quatre Règnes » de l'Amour, de Satan, du Vice et de la Vertu. De là, dans chacune des cent vingt-cinq compositions qui servent de commentaire au texte, la présence obligée du personnage aux yeux duquel les scènes décrites sont censées s'être successivement offertes; mais malgré cette exigence sans cesse renouvelée du sujet, nulle monotonie dans l'ordonnance; nulle trace d'embarras non plus chez le dessinateur pour conserver à la fois au héros de ces aventures surnaturelles son rôle nécessaire de spectateur, et aux groupes ou aux figures qui l'entourent leur dignité idéale ou, le cas échéant, leur difformité caractéristique. Vertus ou Vices, Anges ou Démons, tous ont leur physionomie propre, malgré l'expression d'élégance qui leur est commune, malgré

---

* *Quatriregio del decorso della vita humana di Messer Federico fatre dell' ordine di Sancto Domenico eximio maestro in sacra theologia et gia Vescovo della cipta di Fuligno*, in-fol. On lit sur le recto du dernier feuillet : *Finisce el libro decto el Quatriregio... impresso in Firenze a di XXVI di Luglio M. D. VIII. Ad petitione di Ser Piero Pacini di Pescia.*

ce je ne sais quoi d'inévitablement raffiné dont l'art florentin *quattrocentista* fait la marque de ses moindres œuvres, et qu'il apporte jusque dans l'imitation des réalités vulgaires, jusque dans l'image de la laideur. On dirait qu'en traçant ces scènes d'un style si tempéré que les hôtes de l'enfer eux-mêmes semblent craindre de s'y montrer terribles, le dessinateur ait pris à tâche de revêtir une leçon mystique des formes les moins contraires aux séductions mondaines, et que, chez lui, le besoin de plaire au regard ait, au fond, quelque peu prévalu sur l'intention de provoquer une émotion morale. Sans doute, ce n'est pas ainsi que l'entendaient, au xive siècle, Giotto et Orgagna, et l'on serait bien mal venu à chercher dans les vignettes du *Quatriregio* quelque chose des austères inspirations que traduisent les fresques de l'*Arena*, à Padoue, ou le *Triomphe de la Mort*, au Campo Santo de Pise ; mais on y trouve ce que Botticelli et les autres artistes de son temps et de son pays mettaient dans leurs aimables ouvrages, le sentiment de l'exquis en toutes choses, une intelligence pénétrante de la dignité sans emphase et de la grâce sans afféterie. Aussi le souvenir de Botticelli et de l'influence qu'il a exercée sur les peintres et sur les graveurs de son époque semble-t-il tout naturellement devoir être évoqué ici. Nous n'oserions dire qu'il a, de sa propre main, dessiné ces vignettes, mais il en a tout au moins préparé l'exécution par ses exemples, et peut-être y a-t-il directement participé par ses conseils*. »

* En tout cas, l'intervention de Botticelli pourrait être supposée ici avec plus de vraisemblance que celle de Luca Signorelli dont on a quelquefois prononcé le nom à propos des planches du *Quatriregio*, bien que la manière accoutumée du peintre de

N'est-ce pas également au groupe des élèves ou des imitateurs du maître que se rattache l'auteur d'une gravure en bois détachée, dont la seule épreuve que nous connaissions appartient à notre Bibliothèque nationale, et qui représente le *Jeune Tobie* et l'*Ange*? Quelle que soit au point de vue de l'exécution matérielle l'imperfection de son œuvre, ne semble-t-il pas que le graveur l'ait conduite sous l'empire des préoccupations communes à la plupart des artistes florentins contemporains de Botticelli, et ne saurait-on dire que, comme les vignettes des livres, cette modeste pièce volante mérite de figurer, ne fût-ce qu'à titre d'appoint, dans la somme des témoignages les plus significatifs?

Une fois l'exemple ainsi donné, d'autres publications suivirent, dans lesquelles les caractères distinctifs de la gravure en bois florentine se manifestent ou se confirment sous des formes d'autant plus intéressantes que les premiers essais du moyen étaient plus récents encore et les progrès en voie de s'accomplir moins compliqués de ruses ou de traditions techniques. Il va sans dire que l'on ne saurait prétendre dresser ici la liste complète de ces diverses publications; nous nous contenterons d'en indiquer quelques-unes parmi les plus remarquables et de résumer ainsi dans un petit nombre de types les doctrines et les coutumes adoptées,

Cortone n'autorise guère un pareil rapprochement. Et d'ailleurs le témoignage matériel sur lequel on s'appuie, l'argument tiré des deux lettres L. V. inscrites sur la première planche et que l'on a cherché à expliquer par *Luca Ventura* (Luca Signorelli était fils d'Egidio Ventura Signorelli), nous paraît peu concluant. Les rares ouvrages que le maître a signés portent ces mots : *Lucas Cortonensis*. Aucun, que nous ne sachions, n'est signé *Luca Ventura*.

Fig. 13. — Gravure tirée du *Fasciculus medicinæ*. Venise, 1493.

COLISEVS SI VE THEATRVM

Fig. 14. — Gravure (Théâtre antique) du *Térence* de 1499.

pour l'illustration des livres, par les graveurs en bois qui travaillaient à Florence vers la fin du xv⁰ siècle.

Dans son étude : *Les Missels Vénitiens**, M. le duc de Rivoli a traité, avec une grande compétence, l'illustration de ces beaux livres.

« Le premier Missel illustré que nous ayons à signaler, écrit-il, est un *Missale Romanum*, 4⁰, imprimé, le 29 décembre 1481, par Octaviano Scoto ; la *Crucifixion* dont il est orné est des plus médiocres. Parmi les meilleures qui aient été données avant 1500, soit pour l'originalité de la composition, soit pour la finesse de la taille, nous citerons la *Crucifixion* d'un *Missale Romanum*, 8⁰, 1490, J.-B. Sessa, exécuté dans le style allemand ; — celle d'un *Missale Romanum*, 8⁰, 1er décembre 1493, Herzog de Landvia ; vignette très soignée, relevée de légères hachures traitées avec une grande finesse ; — celle d'un *Missale Romanum (glagolitice)*, 4⁰, Francesco Bindoni et Mafeo Pasyni ; l'ouvrage est de 1528, mais la gravure avait été publiée déjà dans le *Processionarium ordinis Fratrum Predicatorum*, 4⁰, 1494, Émeric de Spire ; bien que manquant un peu de finesse, elle rappelle, par sa facture exclusivement au trait, les plus jolies gravures des premiers tailleurs sur bois vénitiens ; — la *Crucifixion* du *Missale Romanum*, 8⁰, 31 janvier 1497 ; Simon Bevilaqua, copie de la précédente, de qualité égale et n'en différant que par de petits détails ; — enfin la *Crucifixion* du *Missale Romanum*, folio, 29 mai 1499, Georges Arrivabene ; la plus

---

Cf. *Les Missels Vénitiens*. — Descriptions, illustrations, bibliographies. — L'art de la gravure sur bois à Venise, de 1480 à 1600, par le duc de Rivoli. — Paris, J. Rothschild, 1896, in-folio, avec 5 planches et 560 gravures.

belle et la plus importante de cette période, la première
où nous voyons le personnage de Madeleine avec la
Sainte Vierge et saint Jean au pied de la croix de
Jésus. »

Pour l'intelligence de notre travail, beaucoup d'autres
volumes seraient à décrire, tant sur la gravure des livres
dans la seconde moitié du xve siècle que sur l'art des
siècles suivants. Mais nous devons nous borner à citer
seulement, d'après le travail de M. Jules Le Petit que
nous avons mentionné précédemment, les principaux
ouvrages, de différentes dates, comme autant de jalons
qui peuvent nous guider à travers des époques encore
trop peu connues.

« La belle édition de la *Commedia di Dante col com-
mento di Christophoro Landino*, imprimée en 1491, à
Venise, par Bernardino Benalii et Mattheo da Parma,
est illustrée de charmants sujets de l'école vénitienne,
gravés sur bois; ainsi que la *Biblia latina,* dite Bible
de Mallermi, publiée également à Venise, mais chez
Bevilacqua, et dont les jolies figures paraissent être
du même artiste, ou sont au moins de la même école
que celles de la *Commedia di Dante*. Les superbes
gravures du traité *Della vita monastica* (de Beato Lau-
renzo Patriarcha), daté de Venise, 1494, livre inconnu
aux bibliographes qui se sont occupés des œuvres ita-
liennes de cette époque; et les belles et nombreuses
compositions, attribuées justement à Benedetto Mon-
tagna, qui ornent la fameuse édition des *Métamorphoses*
d'Ovide (*Ovidii Metarmophoses...*) publiée à Venise, chez
Georgius Rusconibus, en 1498; le beau recueil de portraits accompagnés de biographies d'Andreas Fulvius,

Illustrium imagines, publié à Rome par Jacobus Ma-
zocchius, en 1517, dont les figures sur bois sont d'un
style et d'un dessin fort remarquables.

« Un des livres les plus importants de la fin du xvᵉ siècle,
l'*Hypnerotomachia*... *di Poliphilo*, ou Songe de Poliphile, de Franciscus Columna, première édition, imprimée à Venise par Alde Manuce, en 1499*, est ornée des
splendides gravures sur bois dont on a faussement
attribué les dessins à Giovanni Bellini, mais qui se
rapprochent beaucoup, au point de vue du style, des
figures des *Métamorphoses*.

« L'examen attentif de tous ces ouvrages d'artistes des
différentes nations, prouve que si l'Allemagne persiste à
revendiquer comme sienne l'invention de la gravure sur
bois, cet honneur lui est disputé avec succès par les
Pays-Bas et même par l'Italie, qui ont droit d'ailleurs
de se vanter d'avoir fait progresser cet art d'une façon
éclatante.

« Une autre école, l'école de Bâle, s'éleva avec rapidité
et produisit, avant la fin du xvᵉ siècle, plusieurs ouvrages
remarquables, au point de vue du dessin et de la gravure. Le célèbre et bizarre ouvrage de Sébastien Brandt,
Stultifera Navis, fut imprimé pour la première fois à
Bâle par Johannis Bergman de Olpe, en 1497. On trouve

---

* Cet ouvrage très singulier est écrit en langage pédantesque ;
à son sujet on peut consulter un excellent article de M. Renouard dans les *Annales des Aldes*. Ce livre qui appartient à la
classe des patois italiens, et qui devrait être rapproché des
Cantici de Fidentio, est surtout remarquable par les grandes et
belles figures sur bois qu'il renferme. Ces figures, très nombreuses, passent pour avoir été faites d'après les dessins d'An-
dréa Mantegna. Les exemplaires dont les gravures ne sont pas
cartonnées doivent contenir la figure du sacrifice à Priape, in-
tacte, et l'errata.

dans ce livre original de magnifiques gravures sur bois dessinées avec beaucoup de talent et d'esprit satirique. Une seconde édition du même ouvrage a été donnée par le même éditeur en 1498, avec les mêmes planches.

« Le *Quadragesimale novum* de Jean de Meder, imprimé à Bâle, par Michel Furter, en 1495, avec de belles gravures sur bois non signées, mais certainement de la même main que celles de la *Nef des fols*; — le fameux livre de prophéties intitulé *Methodis primum olympiade...*, publié également par Mich. Furter, en 1498, et orné de 61 figures sur bois, qui doivent être du même artiste; — et, parmi les ouvrages imprimés à Bâle au commencement du xvie siècle, différents volumes contenant des figures sur bois d'après Urse Graf : la *Passio Jesu-Christi*, de 1509; le *Stultitiæ laus*, d'Érasme, édition donnée par Ant. Froben, à peu près à la même époque; le *Hortulus anime*, éditions différentes, de Strasbourg, Knoblouch, 1508, et de Bâle, Thomas Wolf, 1519, toutes deux avec figures d'Urse Graf.

« En Allemagne, avant la fin du xve siècle, avaient déjà paru plusieurs ouvrages illustrés de figures souvent aussi lourdement gravées que rudement dessinées, quoique d'un style original. Nous en avons cité précédemment quelques-uns des meilleurs. Rappelons ici le titre d'un des plus importants, qui a pour nous un grand intérêt, en ce qu'il est orné de figures par un artiste qui fut le maître de cet admirable dessinateur qui s'appelle Albert Dürer. Nous voulons parler du livre célèbre connu sous le titre de *Chronique de Nuremberg*, de Hartman Schedel, imprimé en 1493, à Nuremberg, par Ant. Koberger, et dont le premier feuillet

Fig. 15. — Gravure tirée du *Speculum humanæ vitæ*. Augsbourg, 1475 (?)

Fig. 16. — Gravure tirée des *Métamorphoses d'Ovide*. Venise, 1498.

Fig. 17. — Gravure tirée de la *Bible* de Mallermi. Venise, 1498.
(Salomon dans son palais.)

commence ainsi : *Registrum hujus operis libri cronica-
rum cum figuris et ymaginibus ab inicio mundi.* Ce
grand volume contient près de 2,000 gravures sur bois,
d'après Michel Wohlgemüth, le maître d'Albert Dürer,
et aussi d'après un autre artiste moins connu, Wilhelm
Pleydenwurff (voir fig. 100, tome deuxième). Le premier de ces artistes illustra aussi, quelques années plus
tard, les œuvres de théâtre de la fameuse Hrosvitha, religieuse du x⁰ siècle. L'édition parut à Nuremberg, en
1501, sous ce titre : *Opera Hrosvite illustris virginis et
monialis germane gente saxonica orte nuper a Conrado
celle inventa.* On attribue deux des sept belles figures
qui ornent ce volume à Albert Dürer.

« Albert Dürer ne se contenta pas toujours de peindre ou de dessiner ses sujets. On connaît une *Passion*
contenant 16 planches gravées sur cuivre par lui-même,
de 1508 à 1515. Nous citons cet ouvrage le premier,
quoiqu'il ne soit pas le plus ancien du maître ; mais
c'est sans contredit son œuvre la plus précieuse et la
plus recherchée. Le recueil le plus ancien en date qui
ait été exécuté d'après ses dessins est de 1498 ; c'est
une suite de quinze grandes planches in-folio, gravées
sur bois, ayant pour titre *Apocalypsis cum figuris. Die
heimliche Offenbarūg Johaṉs.* Il existe trois tirages de
ces planches, ou quatre suivant d'autres, dont le plus
récent porte la date de 1511. Ce maître dessina ensuite
plusieurs *Passions* qui sont célèbres et bien connues :
l'une, que l'on a appelée communément *Petite Passion*,
gravée sur bois en 1509 et 1510, de format in-4⁰, contenant 37 pièces ; l'autre, beaucoup plus grande, de
format in-folio, contenant douze planches aussi sur

bois. Citons encore : *Epitome in divæ parthenices mariæ historiam ab Alberto Durero norico per figuras digestam, cum versibus annexis Chelidonii*, suite de 20 belles grandes planches gravées sur bois de 1504 à 1511 ; et le splendide volume intitulé *Revelationes sanctæ Brigittæ*, imprimé à Nuremberg, par Ant. Kobürger, en 1500, contenant 18 grandes figures pleines d'originalité et d'imagination, quoique moins bien gravées sur bois que celles de l'*Apocalypse*.

« Albert Dürer dessina encore de grands sujets pour le superbe ouvrage désigné sous le nom d'*Arc triomphal de l'Empereur Maximilien I*^er, qui fut commencé vers 1515 et ne parut qu'en 1559. Les planches, au nombre de 92, sont de différentes dimensions et toutes gravées sur bois. Elles furent exécutées non seulement d'après les dessins de Dürer, mais encore sous sa direction. Aussi portent-elles plus particulièrement l'empreinte de son génie puissant, comme toutes celles auxquelles il mit lui-même la main.

« L'École allemande fournit, dans les premières années du XVIe siècle, quelques artistes d'une vraie valeur, contemporains d'Albert Dürer. Nommons, entre autres, Hans Scheufflein ou Schaufelein, Hans Burgkmaier, Hans Springklée, puis les deux Lucas Cranach, etc. Le beau volume de Pinder, *Speculum passionis domini nostri Jesu Christi*, imprimé en 1507 à Nuremberg, contient 40 curieuses et grandes figures de Scheufflein et 57 plus petites ; l'édition aussi publiée à Nuremberg, en 1519, du petit livre *Hortulus animæ*, renfermant de si jolies gravures sur bois de Hans Springklée ; et le fameux volume *Speculum patientiæ*,

Fig. 18. — Gravure sur bois, par Michel Wohlgemüth.

Fig. 19. — Les cavaliers de l'Apocalypse, gravure sur bois,
par Albert Dürer (1498).

de Jean de Tombaco, avec deux figures sur bois, souvent attribuées à Albert Dürer, mais plutôt de Burgkmaier. A côté de cet ouvrage on doit citer le petit livre si rare illustré par Hans Burgkmaier, *Devotissime meditationes : de vita, benificiis et passione salvatoris Jesu Christi*, publié à Augsbourg en 1520.

« Quoique la Hollande n'ait pas eu, à cette époque, d'artistes bien remarquables, il ne faut pas oublier cependant de mentionner le nom de Walter Van Assen, qui montra dans l'illustration de quelques volumes un talent hors de pair. On peut s'en rendre compte en examinant trois volumes de cet artiste, savoir : l'*Alardi Passio Jesu Christi*, imprimé à Amsterdam en 1523 ; l'*Alardi Ritus edendi*, imprimé la même année aussi à Amsterdam (volumes rarissimes, ornés de figures sur bois d'un grand style et qui passent pour les deux premiers imprimés dans cette ville); et enfin le *Rosarium mysticum*, publié en 1531, à Anvers, pour la première fois, avec de belles gravures sur bois très bien dessinées.

« L'école française de gravure ne présente rien de bien remarquable jusqu'à l'époque où les imprimeurs de Paris, les Vérard, les Simon Vostre, les Pigouchet, les Guillaume Lerouge, les Hardouin, les Kerver, et autres, dotèrent la France de ces beaux livres d'heures qui feront à jamais la gloire de la typographie française à la fin du xvᵉ siècle et au commencement du xviᵉ. M. Renouvier cite un nom d'artiste, Mercure Jollat, qu'il suppose avoir collaboré avec ces imprimeurs célèbres, pour dessiner et graver les figures et les ornements de leurs livres. Mais il est bien probable que ces éditeurs intelligents, autant qu'érudits, étaient eux-mêmes des

artistes et que plusieurs d'entre eux ont dû exécuter, en
tout ou en partie, les grands sujets et les encadrements
de leurs splendides Heures, si recherchées aujourd'hui.
C'est ce que M. Renouvier affirme d'ailleurs, pour
Anthoine Vérard. Une autre opinion fort acceptable,
émise aussi par M. Jules Renouvier, consiste à admet-
tre comme probable la collaboration de miniaturistes
tels que Robinet Testard, Jehan Bourdichon, Jehan
Poyet et autres. « Ces planches, ajoute-t-il, ont la précision de trait, la propreté de travail et le champ de
composition qui conviennent à des miniatures. On sait
que dans les exemplaires de luxe de nos Heures, la
gravure ne leur servait encore que de canevas. »

« Dans tous les cas, Mercure Jollat ne serait venu que
plus tard prêter son concours aux imprimeurs que nous
avons cités, puisqu'il était né seulement dans les dernières années du xve siècle et qu'un grand nombre de
beaux livres d'heures avaient déjà paru alors qu'il était
encore enfant. Le premier volume sur lequel figure le
nom de Jollat est un livre d'architecture daté
de 1530.

« Les volumes de Simon Vostre et Pigouchet, dont
deux à l'usage de Rome, l'un de 1498 et l'autre de
1510 ; un à l'usage d'Autun, de 1512, et l'autre à l'usage
de Lizieux, de 1519 ; plusieurs livres de Kerver et de
Hardouin, datés de 1503 à 1514, et des livres d'imprimeurs ou éditeurs moins connus, Mathurin Le Maire,
Nicolas Vivian, Jehan Poitevin, Pierre Vidoue, Guillaume Godard, Simon du Bois ; enfin d'autres de
Geofroy Tory, Simon de Colines et Olivier Mallard,
qui sont d'une époque plus rapprochée de la véritable

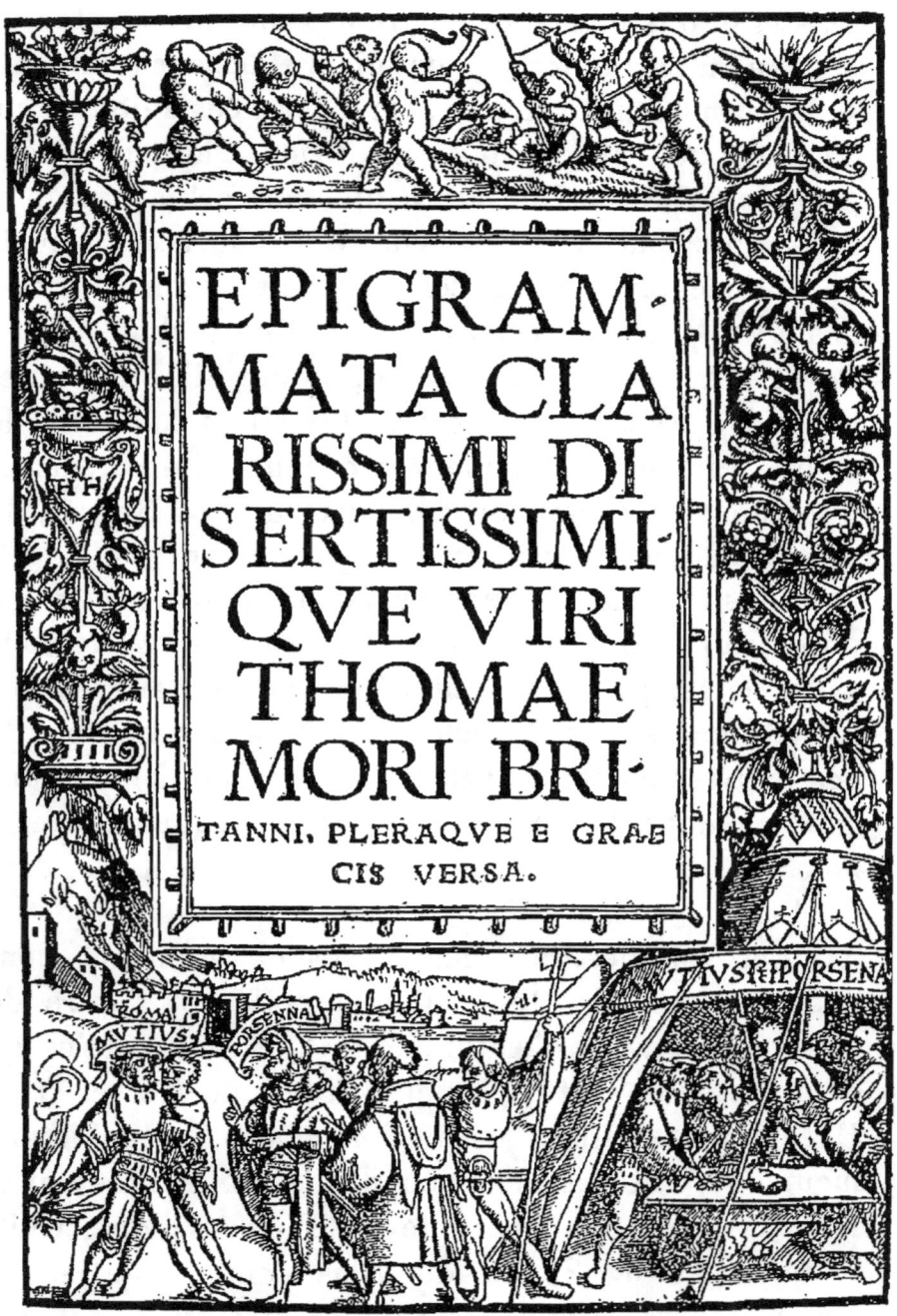

EPIGRAM-
MATA CLA-
RISSIMI DI-
SERTISSIMI-
QVE VIRI
THOMAE
MORI BRI-
TANNI, PLERAQVE E GRAE-
CIS VERSA.

Fig. 20. — Encadrement dessiné par Holbein. Bâle, Froben, 1518.

Passio Christi ab Alberto Durer Nu

renbergensi effigiata cū varij generis carmi
nibus Fratris Benedicti Chelidonij
Musophili.

O mihi tantorum.iusto mihi causa dolorum
O crucis O mortis causa cruenta mihi.
O homo sat fuerit.tibi me semel ista tulisse.
O cessa culpis me cruciare nouis.

Cum priuilegio.

Fig. 21. — Titre gravé sur bois, par Albert Dürer.

apogée de l'art de la gravure française, sont particuliè-
ment remarquables. »

Pour corroborer l'opinion émise par M. Renouvier
au sujet de la part presque certaine que durent prendre les miniaturistes dans l'exécution des livres
d'heures, disons que tous ces sujets et ces ornements
si bien gravés ne sont pas d'un dessin original et n'ont
aucun caractère de personnalité. Il est facile de voir
que les artistes ou *artisans* (suivant une expression
assez juste du temps) qui exécutaient ces gravures, se
bornaient à copier ou à imiter, tantôt servilement,
tantôt avec de légères variantes, les sujets de miniatures, de bordures ou d'encadrements du xve siècle.
On peut en conclure que la plupart des premiers graveurs étaient simplement des praticiens ou ouvriers
plus ou moins habiles, chargés de tailler dans le bois
ou dans le métal les traits de contour des sujets destinés à l'enluminure. Aussi ces graveurs avaient-ils pris
le titre aussi significatif que modeste de « tailleurs
d'imaiges ».

Ce n'est pas seulement pour les livres d'heures qu'on
remarque ce défaut d'originalité dans la composition
des sujets, soit en France, soit dans les autres pays.
Pour ne citer que des ouvrages français, disons, par
exemple, que la première édition du *Roman de la Rose*,
imprimée à Paris, chez Guillaume Le Roy, en 1485,
renferme des gravures taillées grossièrement d'après
les dessins de diverses copies manuscrites du même
ouvrage antérieures à cette époque. La même observation peut être faite pour le roman de chevalerie intitulé *Le Roman de Fier à bras*, publié en 1480 par le

même imprimeur; et aussi pour un autre ayant ce titre : *Belial. Cy commence le procès de Belial à lencontre de Jhésus*, avec ces mots à la fin : ..... *Nouvellement translaté de latin en françoys, par..... Pierre Ferget, docteur en théologie..... lan de grace mil cccc. lxxxi*, livre dont il existe plusieurs éditions, imprimées à Lyon, et une à Paris, de 1490 à 1525 environ.

A peine peut-on signaler un peu plus de caractère dans les dessins de quelques volumes, comme, par exemple, l'*Art de bien mourir*, imprimé par Anthoine Vérard, en 1492, la *Danse des morts*, première édition publiée en 1485 par Guyot Marchant, et surtout le grand et remarquable ouvrage, les *Chroniques de France*, dites *de Saint-Denis*, imprimées avec une si remarquable perfection par Anthoine Vérard, en 1493.

Il faut cependant citer, comme ayant un mérite supérieur au point de vue des gravures sur bois, le fameux livre intitulé *La Mer des histoires*, l'un des plus beaux ouvrages français du xv\ :superscript? siècle, imprimé à Paris, en 1488, par Pierre Lerouge, et la superbe édition du même livre publiée à Lyon, chez Jean Dupré, en 1491. Signalons encore la grande édition de Térence, imprimée à Lyon par Jean Trechsel, en 1493, avec le commentaire de Guy Juanneau, revu par Josse Bade, et dont voici le titre : *Terrentius. Guidonis Juvenalis natione Cenomani in Terentium familiarissima interpretatio cum figuris unicuiquæ scænæ præpositis.*

Ce beau livre, d'ailleurs fort rare et peu connu, reste comme le plus beau spécimen de l'imprimerie lyonnaise. Il est orné de cent cinquante gravures sur bois d'un dessin supérieur; les figures pleines de vie et de

Fig. 22. — Gravure tirée de *La Mer des histoires*, *Mil* CCCCIIIIXX & VIII.

Fig. 23 à 28. — Titres de *Livres d'Heures* de la fin du XVᵉ
et du commencement du XVIᵉ siècle.

mouvement indiquent un artiste de race, dont on ignore malheureusement le nom.

L'art français produisit au XVIᵉ siècle, surtout à Paris et à Lyon, un grand nombre d'artistes remarquables, comme dessinateurs et comme graveurs.

La gravure en bois y fut surtout en grand honneur car le travail du burin avait beaucoup moins progressé dans notre pays qu'en Allemagne, en Hollande et en Italie.

Les grands imprimeurs de la fin du XVᵉ siècle, et ceux du XVIᵉ siècle, affectionnaient beaucoup le procédé d'illustration du livre par les bois gravés; motifs divers, filets, culs-de-lampe, lettres ornées étaient composés de la sorte sans compter les grandes planches hors texte. En étudiant les productions typographiques de la deuxième période de l'impression, on admirera les illustrations dont se sont servis les Pigouchet, les Vérard, les Le Rouge, les Marchand, les Colines. Geofroy Tory tient un rang trop à part par ses productions personnelles en dessin, en gravure, en typographie pour être cité avec les autres. Ses œuvres, très appréciées, sont fort recherchées et certainement de beaucoup au-dessus de celles de ses contemporains.

Geofroy Tory, le premier de nos artistes de cette époque, atteignit une supériorité telle sur ses devanciers, qu'il peut être considéré comme le rénovateur — on pourrait presque dire le créateur — de l'école française de gravure. Tour à tour professeur, grammairien, littérateur, historien, éditeur, libraire, imprimeur, dessinateur, graveur, relieur, Geofroy Tory montra autant de science dans la composition de ses ouvrages que de goût dans ses productions typographiques et d'habileté dans l'exécution des dessins et des gravures dont il orna ses livres.

Le premier volume qu'il publia, comme éditeur ou annotateur, *Pomponius Mela, de Totius orbis descriptione*, parut en 1507, chez Gilles Gourmont, qui l'imprima pour Jehan Petit, libraire ; mais cet opuscule ne renferme aucune gravure. Ce fut deux ans après, en 1509, qu'il publia chez Henri Estienne — le premier de cette famille d'illustres imprimeurs — la *Cosmographia Pii Papæ*, dans laquelle il plaça une grande planche représentant le monde ancien.

Après deux ou trois ouvrages sans gravures, il fit paraître en 1510 un livre intitulé : *Valerii Probi grammatici de interpretandis Romanorum litteris opusculum...*, volume renfermant deux figures sur bois et quelques petites figures sur métal, gravures qu'on ne peut pas raisonnablement lui attribuer, tant elles sont au-dessous de ses autres compositions, même des plus modestes. Tous ces ouvrages portent en quelque endroit le mot *Civis*, que Geofroy Tory avait adopté comme devise et comme signature.

Nous ne citerons pas ici les volumes de Tory qui virent le jour dans les années suivantes, ces volumes ne présentant pas d'intérêt au point de vue qui nous occupe. Passons de suite à son important ouvrage, publié en 1529, *Champ fleury, auquel est contenu l'Art et Science de la deue et vraye proportion des lettres Attiques... proportionnées selon le corps et visage humain...*, livre fort original, plein d'érudition et d'imagination artistique. C'est là que Tory propose un essai de

Fig. 29. — Gravure sur bois, tirée des *Heures* de Simon Vostre (1502).

URIE — DAVID

Dmine ne in furore tuo arguas me:ne
q̃z in ira tua corripias me Miserere mei
domine quoniam infirmus sum: sana

Fig. 50. — Gravure tirée d'un *Livre d'Heures* à l'usage de Bourges, Paris (1508).

réforme orthographique ainsi que des modifications intéressantes sur la forme des lettres. Ce volume fut commencé en 1526, car une des planches qu'il contient porte cette date. Désormais G. Tory n'emploie plus la signature *Civis ;* il se compose une marque qu'il gardera pour la plupart de ses nouveaux livres, un *Pot cassé*, traversé par le *toret*, rébus du nom de Tory, dessiné de dix manières différentes, tantôt avec une ornementation de diverses fleurs de souvenir, tantôt sans aucun ornement, mais toujours avec la devise « Non plus », sauf pour deux des plus petits dessins. Souvent cette marque est accompagnée d'une petite croix double, semblable à la croix de Lorraine, signe que l'on retrouve même quelquefois seul au bas des gravures de cet artiste.

Nous devons mentionner les admirables livres d'heures qu'il édita ou qui furent publiés avec ses belles gravures et ses gracieux encadrements ; par exemple : les *Heures de la Vierge* (en latin), imprimées pour Simon de Colines en 1524 et 1525, et dont il n'existe que de très rares exemplaires complets, entre autres celui de la Bibliothèque de l'Arsenal ; puis une nouvelle édition qui parut en 1527, avec l'adjonction de plusieurs nouveaux encadrements ; les ornements et arabesques formant les bordures sont d'une grâce et d'une légèreté incomparables ; les grandes *Heures de Paris*, qui furent imprimées chez Simon du Bois (Silvius), en 1527, et pour lesquelles Geofroy Tory composa de nouvelles planches, toutes différentes des premières.

Dans ce livre, les encadrements, dits à la moderne, sont formés de fleurs, d'oiseaux, d'animaux, d'insectes : le tout d'un dessin très large et très décoratif.

« En admettant, et la chose est irrécusable, que Geofroy Tory soit l'auteur des dessins qui ornent les *Heures de la Vierge*, publiées par Simon de Colines en 1524, nous devons regarder cet artiste comme un des maîtres les plus importants de l'école française au XVIe siècle. L'*Entrée de Henri II à Paris en* 1549, l'*Ancienne et la Nouvelle Alliance*, pièce allégorique gravée d'une taille sobre et correcte, *François Ier écoutant la lecture que Machault lui fait de sa traduction de Diodore de Sicile*, sont des œuvres accomplies et tout à fait dignes de l'École dont Jean Cousin est le chef; les physionomies sont traitées avec simplicité, et, malgré une excessive sobriété de moyens, elles sont toutes empreintes d'un cachet personnel qui leur donne une importance et une valeur réelles; mais là ou Geofroy Tory est tout à fait à son aise, c'est lorsqu'il compose des ornements; il peut alors donner un libre cours à son imagination, il peut permettre à son crayon des écarts que les scènes composées de personnages n'autorisent pas toujours; et alors que sa pointe est plus libre, son travail est aussi plus séduisant et plus facile; personne mieux que lui ne s'entend à entrelacer ces arabesques qu'unissent des médaillons ou des cartouches ornés quelquefois de sujets analogues au texte qu'ils encadrent. Les planches dessinées ou gravées peut-être même par Geofroy Tory sont, ce nous semble, assez faciles à reconnaître : le dessin d'abord en est pur et correct; un goût tout français et d'une sobre élégance domine partout, l'architecture est soignée et prouve que l'artiste était aussi bon architecte qu'habile dessinateur; les ornements, d'un goût délicat, ne sont jamais ni trop

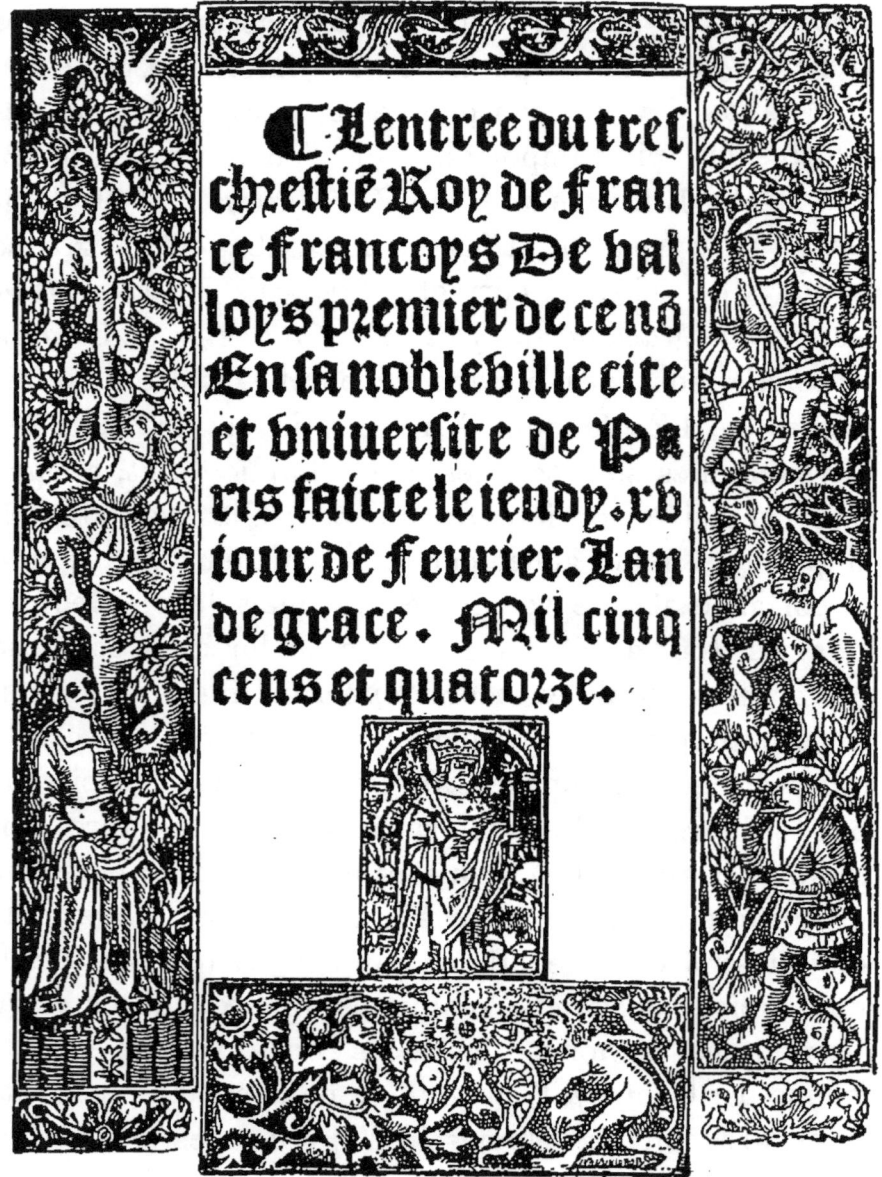

Fig. 31. — Titre du xvɪᵉ siècle, orné de gravures sur bois provenant de livres publiés vers la fin du xvᵉ siècle.

Le Triomphe de la Mort tiré des *Heures* de Geofroy Tory, imprimées à Paris en 1525.

DIlexi quoniã exaudiet dominus vocem orationis meæ.
Quia inclinauit aurem suam mi hi:& in diebus meis inuocabo.
Circundederũt me dolores mor tis:& pericula inferni inuenerunt me.
Tribulationẽ & dolorèm inuèni: & nomen do=

Fig. 32. — Le Triomphe de la Mort tiré des *Heures* de Geofroy Tory, imprimées à Paris en 1525.

abondants, ni trop rares. Si l'on veut voir en Geofroy Tory un graveur sur bois, son travail est encore plus reconnaissable : il taille le bois avec timidité, son trait est formé de mille petites tailles qui accusent le défaut d'expérience et qu'explique la facilité du dessin ; ses ornements sont indiqués sommairement, et des tailles horizontales et parallèles servent à ombrer légèrement les contours[*]. »

Les livres d'heures avec leurs bordures ornementées avec goût, enjolivées de gravures fines, délicates, naïves dans leurs primes simplicités, coloriées avec une grâce charmante aux teintes étincelantes d'or, où les personnages sont mièvrement expressifs en leurs contours et leurs poses graciles, où la lugubre faucheuse elle-même, dans sa danse et ses sauts autour des personnages de marque, comme aussi des plus humbles et des plus doux, perd son aspect terrible et épouvantable, et n'exprime plus que le sentiment d'une bonne farce à jouer à ceux qu'elle poursuit, ces livres, disons-nous, sont de facture et de cachet éminemment français. Le format en est simple, maniable par ce fait, l'impression en est belle et soignée ; aussi on les recherchait, et de nos jours ils ont acquis une valeur très grande.

Au point de vue de la gravure sur bois, Geofroy Tory eut une influence considérable sur l'école française. D'ailleurs ses élèves, qui gardèrent son atelier, d'abord avec sa veuve et ensuite entre eux, suivirent avec talent ses principes. Le grand *Livre d'Heures* que nous avons cité, et un volume de Paul Jove, la *Vie des*

---

[*] Cf. GEORGES DUPLESSIS. *Histoire de la Gravure en France*, Paris, 1861, in-8°.

ducs de Milan (en latin) avec douze portraits superbes,
en fournissent la preuve.

J.-Ch. Brunet a consacré tout un chapitre aux *Livres
d'Heures* dans son *Étude sur les Heures Gothiques* :

« ... Les libraires de cette capitale (Paris) songèrent
à exploiter à leur profit un art qui, en simplifiant d'une
manière si sensible la fabrication des livres, leur offrait
une moisson aussi abondante que facile à recueillir.
Comme ils cherchèrent d'abord à appliquer la typographie à des ouvrages d'un débit rapide, il semble
qu'ils auraient dû commencer par ces livres de prières
à l'usage des fidèles de toutes les classes, que plus tard
ils imprimèrent sous le titre d'*Horæ* et d'*Officium* ou
sous celui d'*Heures* et d'*Office*, et qui depuis longtemps
formaient la principale branche de leur commerce;
mais voici la difficulté qui retarda quelque temps
l'impression de ces sortes d'ouvrages : les livres de
prières dont on se servait alors étaient tous écrits sur
vélin, décorés d'initiales peintes en or et en couleurs,
et, presque tous aussi, enrichis de miniatures plus ou
moins nombreuses et plus ou moins bien exécutées.
Au calendrier, c'étaient des petits sujets délicatement
peints, où figuraient les travaux, les occupations et les
jeux analogues à chaque mois de l'année; aux fêtes
mobiles, au propre des saints et à l'office des morts, se
trouvaient de plus grandes miniatures représentant des
sujets tirés de l'Écriture sainte, ou relatifs aux mystères
que l'on célébrait, ou à la vie du saint qu'on invoquait;
on y voyait presque toujours figurer, par exemple, le
Martyre de saint Jean l'évangéliste, la Salutation angé-
lique, la Naissance de Jésus-Christ, la Vision des bergers,

l'Adoration des Mages, la Fuite en Égypte, le Massacre des Innocents ordonné par Hérode, David et Betzabée, etc.

« On remarquait aussi dans une partie de ces manuscrits précieux des bordures plus ou moins variées, plus ou moins riches, qui en entouraient toutes les pages, et qui offraient ordinairement des fleurs, des oiseaux, des insectes et des arabesques gracieuses, où l'or se mariait habilement aux couleurs les plus vives. Ces riches volumes étaient avec raison considérés comme des bijoux de prix, et se transmettaient par succession dans les familles, de génération en génération. Accoutumé qu'on était alors de lire ses *Heures* dans des livres ainsi décorés, comment aurait-on pu accueillir de simples productions typographiques entièrement dépourvues de ces ornements devenus un accompagnement nécessaire de toute lecture pieuse? Pour réussir dans ce genre de fabrication, il fallut donc emprunter le secours de la gravure sur bois qui commençait à se perfectionner, et reproduire autant que possible les dessins répandus dans les *Heures* manuscrites et en décorer les imprimées. Si jusqu'ici les bibliographes n'ont pu tomber d'accord sur la véritable date du plus ancien livre d'*Heures* illustré qu'ait produit la presse, ils reconnaissent pourtant généralement que l'imprimeur Philippe Pigouchet et le libraire Simon Vostre furent les premiers à Paris qui surent allier avec succès la gravure à la typographie. Il est à croire que ces deux libraires avaient déjà pratiqué par eux-mêmes la taille sur bois, et qu'ils surent s'adjoindre des tailleurs assez habiles pour donner successivement à leurs petits bois le degré de perfection auquel ils les ont portés. C'est

donc à des artistes anonymes de la fin du xvᵉ siècle, et
non pas, comme l'a prétendu Papillon, à Mercure Jollat
venu trente ans plus tard, qu'il faut attribuer la principale part dans la gravure de ces *Heures* si remarquables
par la beauté du vélin, la qualité de l'encre, et surtout
par la variété des bordures, où, à des arabesques les
plus agréables, à des sujets grotesques, succèdent alter-
nativement des chasses, des jeux, des sujets tirés de
l'Écriture sainte, ou même de l'histoire profane et de
la mythologie, et enfin ces danses des morts, imitées de
la *Danse macabre des hommes et des femmes*, qui était
alors dans toute sa vogue, petites compositions dont
on admire encore la piquante expression. Ces bordures,
qui sont plus remarquables pour le fini de la gravure
que pour le dessin, se composaient de petits comparti-
ments qui se divisaient, se changeaient, se réunissaient
à volonté, selon l'étendue et le format du volume où
elles devaient figurer ; en sorte que, tout en employant
presque toujours les mêmes pièces, il était cependant
si facile de donner aux différentes éditions qu'on
publiait une apparence de variété, qu'à peine en trouve-
t-on deux qui se reproduisent exactement page pour
page. Les grandes planches destinées à recevoir l'em-
bellissement de la peinture sont en général moins terminées que les petites, mais on y reconnaît toujours un
même faire. »

J.-Ch. Brunet reconnaît donc, comme premier livre
d'heures imprimé et daté, les *Heures à l'usage de
Rome*, citées par Panzer et qui ont été imprimées par
Philippe Pigouchet pour le compte de Simon Vostre.
Nous ne pouvons parler trop au long de ces admirables

productions typographiques qui ont fait la gloire de nos imprimeurs français des xve et xvie siècles, ni entrer dans de plus amples détails sur l'esthétique et le goût qui ont présidé à leur illustration. Ils ne sont pas fort nombreux, cependant, les imprimeurs qui s'étaient livrés à cette spécialité.

Paris en compte le plus grand nombre : Pigouchet, Simon Vostre, Nicolas Vostre, Antoine Verard, Jehan du Pré, les Kerver, Hardouyn, Guillaume Eustace, Guillaume Godard, François Regnault, et enfin Geofroy Tory et ses successeurs. Dans certaines villes de la France, Orléans, Lyon, il y en eut quelques-uns.

Bientôt parurent en France, à peu près vers la même époque, deux artistes de grande valeur, qui semblent procéder de Geofroy Tory. Nous voulons parler de Salomon Bernard, et de Jean Maugin, surnommé le Petit Angevin.

En même temps que Jean Duvet, de Langres, contemporain de G. Tory, perfectionnait en France la gravure en creux sur métal, qui jusqu'alors y était restée à l'état primitif, les deux graveurs sur bois que nous venons de citer produisaient concurremment de charmants et nombreux ouvrages. Ils étaient d'ailleurs puissamment encouragés par des éditeurs d'une rare intelligence, comme Denys Janot, Étienne Groulleau, Gilles Corrozet, à Paris, et Jean de Tournes et Guillaume Roville, à Lyon.

Citons seulement du Petit Angevin un vrai chef-d'œuvre, *Les Figures de l'Apocalypse*, réunies en un volume de format in-12, publié par Étienne Groulleau, en 1547, et un autre petit volume, *Evangelia*, 1554, désigné dans la préface de la *Tapisserie de l'Église Chrétienne* comme étant du Petit Angevin.

Salomon Bernard fut aussi très fécond. L'histoire artistique ne fournit presque aucun document sur cet illustrateur d'un si grand mérite. On sait seulement, par des pièces d'archives, qu'il exécuta les dessins du beau livre intitulé : *La magnificence de l'entrée de Lyon, faicte au roy Henry deuxiesme* le 23 septembre 1548 ; et par deux brèves indications contenues dans les préfaces des *Hymnes du temps*, de Guillaume Guéroult, et des *Quadrins historiques*, dernière édition, publiée à Genève, en 1681, par les héritiers de Jean de Tournes, qu'il fut l'auteur des illustrations de ces deux ouvrages. C'est par analogie qu'on est arrivé à reconstituer approximativement son œuvre. On recherche beaucoup tous les recueils de gravures qui lui sont attribués, et l'on attache surtout un grand prix aux suivants : les différentes parties de la *Bible illustrée* par lui, à savoir : *La Genèse*, les autres livres de l'*Ancien Testament* et le *Nouveau Testament*, réunis une première fois sous le titre des *Quadrins historiques de la Bible*, par Claude Paradin (éditions de Jean de Tournes, à Lyon, 1553-1554 et encore de 1555) ; *Picta poesis*, publié chez Mathieu Bonhomme, en 1552 ; *Andreæ Alciati emblematum libri duo*, Lyon, Jean de Tournes, 1547 ; *La Métamorphose d'Ovide figurée*, édition française de Jean de Tournes, 1557, ou version italienne publiée chez le même éditeur en 1559 ; Le *Vitruve*, publié par Jean de Tournes, en 1552. Les *Illustres observations antiques*, de Gabriel Syméon, publiées chez Jean de Tournes, en 1558, Le charmant recueil, si rare, intitulé *Pourtraicts*

Fig. 33. — Gravure sur bois du XVIᵉ siècle. — Exécutions publiques.

Esperance conforte l'homme.

* Si fortune fouftiens & porte,
Qui m'a faict vng tour inhumain,
Ie tiens efperance en la main,
Qui me conduict & me conforte.

Fig. 54. — Gravure de l'*Hécatongraphie*. Paris, Denys Janot (1545).

divers, paru chez Jean de Tournes, en 1557, et plusieurs autres volumes, dans lesquels les illustrations, toujours gravées sur bois, sont autant de petits chefs-d'œuvre.

Les volumes que nous venons de citer et quelques autres aussi attribués au Petit Bernard, sont d'ailleurs à compter parmi les plus beaux spécimens de l'école lyonnaise. Cette école produisit à la même époque plusieurs artistes de valeur, comme Jean Moni, qui publia, en concurrence avec le Petit Bernard, divers volumes, entre autres : les *Figures de la Bible, illustrées de huictains françois*, à Lyon, chez Guill. Roville, 1564, *Les Actes des Apôtres*, en 1582, et les *Figure del Nuovo testamento*, en 1582. Un ravissant livre sorti aussi de l'école lyonnaise, *La Morosophie*, de Guillaume de la Perrière, renferme de charmantes gravures attribuées à J. Mosnier et à J. Perrin.

L'artiste le plus connu de l'époque de François Ier et de Henri II, Jean Cousin, ne dédaigna pas lui-même de dessiner et même de graver des petits sujets pour l'illustration de quelques ouvrages. M. A.-Firmin Didot lui attribue les dessins de l'*Entrée de Charles IX et d'Élisabeth d'Autriche, à Paris*, en 1571, publiée par Olivier Codoré, qui fut sans doute le graveur de ces beaux sujets; de l'*Entrée de Henri II à Paris*, publiée, en 1549, chez Jean Dallier; du *Songe de Poliphile*, édition de 1546, parue chez Jacques Kerver et reproduite en 1554, et encore en 1561. M. Renouvier et M. Didot sont d'accord pour lui attribuer avec plus de vraisemblance les figures ravissantes du *Tableau de Cébès*, publié par Denys Janot (Cf. la note, page 10), les charmants sujets de l'*Amour, de Cupido et de*

Psyché mère de Volupté, paru chez la veuve de Denys
Janot en 1545, et encore ceux de l'*Hécatongraphie*,
publiée la même année. Jean Goujon a été considéré
aussi par quelques écrivains comme l'auteur des compositions qui ornent le *Songe de Poliphile*; mais il est
à peu près certain aujourd'hui que c'est là une erreur.
Cet artiste est l'auteur de dessins de quelques beaux
ouvrages d'architecture, notamment de la grande édition de Vitruve, intitulée *Architecture ou art de bien
bastir*, de Marc Vitruve Pollion, imprimée à Paris en
1547, par Jacques Gazeau. Selon M. G. Duplessis et
M. Renouvier, Jean Goujon n'aurait été là que dessinateur; mais M. Robert Dumesnil, dans le *Peintre graveur français*, considère Jean Goujon comme ayant eu
part à la gravure des plus belles planches.

Un élève de Jean Cousin, qui a aussi quelque droit de
revendiquer une part dans les progrès de la gravure au
XVIe siècle, Pierre Woeïriot, exécuta quelques beaux
sujets sur bois, quoiqu'il fût plus spécialement graveur
d'orfèvrerie. On connaît de lui les illustrations d'un
ouvrage rarissime intitulé : *F. Josephi antiquitatum judi-
carum libri XX...*, publié à Lyon, chez les héritiers de
J. Junte, en 1566, grand volume contenant 18 vignettes
charmantes sur bois, portant pour la plupart le monogramme de Woeïriot.

Nous citerons deux volumes fort intéressants, ornés
de gravures sur cuivre de ce maître, savoir : *Les Rois et
Ducs d'Austrasie*, contenant 65 beaux portraits et un frontispice, et les *Emblèmes et devises chrestiennes de Geor-
gette de Montenay*, contenant 100 gravures curieuses
en taille-douce et un superbe portrait de l'auteur.

« Ce sont les écoles françaises, écrivait M. Jules
Le Petit, surtout l'école lyonnaise et l'école de Paris,
qui apportèrent au xvɪᵉ siècle des changements consi-
dérables dans l'art d'illustrer les livres. Le système de
vignettes imprimées avec le texte, soit en tête, soit
dans le cours de la page, remplaça alors l'emploi des
grandes gravures tirées à part. Cette habitude s'étendit
bientôt aux autres pays, surtout à la Suisse et à l'Allemagne, où les écoles de Bâle et de Francfort bril-
laient déjà d'un très vif éclat.

« Le plus grand artiste de l'école bâloise, Hans
Holbein, avait, dès 1516, signé de ses initiales H. H.,
un encadrement historié, représentant *Mutius Scœvola
et Porsenna*, que l'éditeur Froben avait fait servir dans
deux volumes différents, en 1516 et 1517. Deux ans
après, on retrouve son nom presque en entier, Hans
Holb., sur un frontispice de l'*Utopie de Thomas Morus*
(en latin, *De optimo reipublicæ statu*), ouvrage orné
d'encadrements et de grandes initiales, dont les dessins
sont évidemment du même artiste. Ce volume et les
suivants contiennent aussi des encadrements dont le
dessin est dû à Holbein : *Erasmus, Institutio principis
christiani; Erasmus, Epigrammata;* — *Polydore Vergile,
de Rerum inventoribus; Epigrammata Th. Mori...* (voir
fig. 20). Tous ces ouvrages, publiés par Jean Froben, à
Bâle, furent les débuts de Holbein. Il dessina aussi quelques portraits qui furent gravés dans des volumes,
comme, par exemple, celui d'Érasme, des *Adagia*, publiés en 1536, celui de Nicolas de Bourbon de Ven-
dœuvre, dans le volume de vers latins intitulé : *Nugae...*,
celui d'Alard (Alardus) qui peut lui être attribué, paru

dans le livre *Ritus edendi*, en 1525, celui de Ulrich de Hutten, dans un ouvrage de théologie publié en 1536, etc.

« Mais ses deux chefs-d'œuvre de dessin et de gravûre sont incontestablement les figures de la Bible, *Historiarum Veteris Testamenti icones*..., volume publié d'abord, en 1538, à Lyon, chez les frères Trechsel, renfermant 92 planches admirablement dessinées et gravées; les *Simulachres de la mort*..., livre fort recherché, paru la même année, aussi chez Trechsel, à Lyon, et dont le succès fut tel qu'on a peine à en compter les éditions, et les imitations ou contrefaçons de l'époque. Les dessins de cet ouvrage, au nombre de 41, d'une originalité incomparable, et l'ensemble de ces sujets de petite dimension, gravés avec une finesse qui n'en atténue pas la puissante énergie, forment un des plus beaux livres illustrés, sinon le plus beau, du xvie siècle. »

Il est intéressant de rappeler ici les lignes que M. Didot a consacrées à ces compositions, dans son ouvrage, *Essai sur l'histoire de la gravure sur bois* : « C'est surtout dans ces dessins que l'on peut apprécier le génie d'Holbein et la philosophie de ce drame plein de poésie où, successivement et dans toutes les conditions, les liens qui rattachent l'homme à la vie sont impitoyablement brisés à toute heure, à tout âge, par la mort toujours présente. On y admire la profondeur des pensées, l'expression énergique, mais jamais exagérée, la naïveté touchante, la simplicité, le naturel. Après nous avoir montré Adam chassé du Paradis et travaillant à la terre, avec la Mort à ses côtés, Holbein nous fait voir les rois, les empereurs, les pontifes, les guerriers, les vieillards, la jeunesse, la beauté, la richesse, la pauvreté, saisis par elle dans les situations les plus émouvantes ; on y croit entendre les cris arrachés à l'amour maternel, les plaintes de l'enfance, les gémissements de la vieillesse, et, pour dénouement à ce vaste et triste spectacle, il nous montre un mendiant estropié, gisant à la porte d'un hôpital, où il invoque la mort qui tarde à répondre à ses vœux. »

Un troisième recueil, d'une remarquable beauté, l'Alphabet de la Mort, *Das Todtentanz - Alphabet*, peut prendre rang à côté des ouvrages précédents, auxquels il est du reste antérieur. Mais selon M. A.-Firmin Didot, les intéressantes figures qui ornent ses vingt-quatre lettres doivent avoir été gravées en relief sur cuivre et non sur bois, tant elles offrent de finesse et de netteté. Les *Simulachres de la Mort* et les *Icones veteris Testamenti* furent certainement gravés sur bois ; quelques-unes des planches ont d'ailleurs été retrouvées. On s'accorde à attribuer la gravure de ces trois recueils et de quelques frontispices, comme celui du *Polydore Vergile* de 1520, à Hans Lützelburger, dit Frank, dont on a retrouvé le nom imprimé typographiquement sur deux exemplaires de l'*Alphabet de la Mort*, et dont le monogramme se trouve sur une des planches des *Simulachres*.

A la même époque environ, l'école italienne et surtout l'école vénitienne fournirent quelques grands artistes dessinateurs ou graveurs, dont le talent se produisit dans un certain nombre d'ouvrages. Un livre fort rare, *Velmatii Carmina*, imprimé à Venise en 1538, contient de magnifiques gravures qu'on peut attribuer à Garfagnino; un beau portrait d'Angelo di Forte, se trouve placé en tête de l'ouvrage de médecine : *De mirabilibus vitæ humanæ naturalia fundamenta*, publié plus tard à Venise, en 1543, et les *Marmi del Doni*, Venise, 1552, renferment plusieurs figures et portraits. On ne sait pas le nom des artistes auteurs des planches qui ornent les deux ouvrages de Lodovico Dolce, les *Trasformationi d'Ovidio*, Venise, 1553, et les *Imprese*, Venise, 1563; mais ces gravures sont fort belles, celles de ce dernier ouvrage sont à l'eau-forte. Un très bel ouvrage encore est celui de Verdizotti, les *Cento favole morali*, publiées à Venise, en 1570, et ornées de superbes compositions gravées sur bois d'après les dessins du Titien.

Avant de clore ces observations relatives à la gravure sur bois, qui ne fit que décliner vers la fin du xviᵉ siècle, remplacée par la gravure en creux sur métal, citons encore les œuvres de quelques artistes allemands d'une réelle valeur, surtout Sebald Beham, Virgile Solis et Jost Amman. Ce dernier, né en Suisse, mais instruit dans son art en Allemagne, exécuta presque tous ses dessins pour illustrer des livres, à Francfort-sur-le-Mein. (Voir le frontispice de ce volume.)

Deux curieuses suites de gravures de Sebald Beham furent publiées à Francfort : *Biblicæ historiæ*, volume petit in-4°, paru vers 1536, et les *Figures de l'Apocalypse*, parues en 1539, et réimprimées en 1540. Ces gravures sont très belles et les sujets sont très bien composés.

Jost ou Juste Amman, passa presque entièrement sa vie d'artiste à Francfort-sur-le-Mein, comme

Virgile Solis, du reste, et il y exécuta bon nombre d'ouvrages aux frais de deux célèbres imprimeurs allemands, Sigismond Feyrabendt et Jérôme Feyrabendt. Ses compositions sont d'un style gracieux et élégant.

Fig. 55 à 47. — Gravures sur bois de Jost Amman, extraites du *Künstliche und folgerissene Figuren in ein neu Kartenspiegel*.

Deux de ses chefs-d'œuvre sont : la suite des sujets de la Bible, *Biblia sacra*, 1571, et le livre des métiers, *De omnibus illiberalibus artibus liber*, 1574. Citons encore de lui, entre autres ouvrages, un recueil d'animaux publié, en 1569, sous le titre *Ein neuw Thierbuch...*; un autre intitulé *Künstbüchelein...*, petit livre contenant des objets d'art et de science, des costumes, etc...; un jeu, fort curieux et fort rare, de cinquante-deux cartes avec ce titre : *Künztliche und folgerissene figuren in ein new Kartenspiegel...*, dont on ne connaît à présent que deux ou trois exemplaires complets (voir fig. 35 à 47).

Nous avons dit que Jost Amman était originaire de Suisse, patrie d'un autre artiste de la plus grande valeur, Tobias Stimmer, qui fut son contemporain et son ami, et avec lequel, du reste, il eut plus d'un point de ressemblance. Tobie Stimmer exécuta un certain nombre de suites de gravures sur bois, dans lesquelles on reconnaît la marque d'un talent hors ligne. Parmi ses ouvrages illustrés, nous citerons : *Erasmus, Testamentum novum*, publié à Strasbourg, sans date; *Stultifera navis mortalium*, de Sébastien Brandt et Jac. Locher, édition de Bâle, 1572; les *Emblèmes* de N. Reussner, 1581 et 1587; un volume publié à Francfort en 1587 et intitulé *Küntsliche und folgerissene figuren;* les *Icones virorum litteris illustrium*, du même, parus à Strasbourg en 1587, etc...; enfin, un recueil, publié à Bâle en 1576, les *Neuwe Kuntsliche figuren biblische Historien...*, planches d'un grand style et d'une habileté d'exécution extraordinaire. Plus tard, Rubens déclara que cette belle suite de gravures avait été l'objet de son admiration et qu'il en avait fait une copie, ainsi que de la *Danse des Morts*, d'Holbein.

Nous mentionnerons encore deux volumes intéressants dont les figures sont de Virgile Solis. Le premier est une suite de sujets tirés du Nouveau Testament,

Fig. 48. — Frontispice dessiné par Tobie Stimmer.
Künstliche und folgerissene figuren, Francfort, 1587.

Fig. 49. — Portrait de Henri IV, fac-similé, réduit, d'une gravure sur bois anglaise (auteur inconnu), *épreuve unique*. (Bibliothèque de l'Institut.)

formant deux cent seize planches dans des encadrements, avec titre allemand, *Biblische figuren des Neuwen Testaments*, datée de 1562, à Francfort; la seconde est un recueil de figures pour les *Métamorphoses d'Ovide*, publié à Francfort en 1563, et formant cent soixante-dix-huit planches. Virgile Solis exécuta aussi les illustrations assez nombreuses des *Fables d'Ésope*, des figures d'emblèmes pour un volume de Reussner, etc... Jost Amman copia des figures de Virgile Solis pour le recueil des portraits des rois de France, *Effigies regum Francorum omnium ad vivum...*, publiés à Nuremberg, en 1576, en un volume petit in-4°, renfermant soixante-trois planches, mais cette fois gravées sur cuivre et à l'eauforte. Une suite de même nature avait déjà paru à Lyon en 1546, gravée sur cuivre par Claude Corneille, dans le volume intitulé *Épitome des LVIII rois de France*.

B. — DE LA GRAVURE EN CREUX

C'est dans la contre-épreuve des nielles italiens qu'on est fondé de rechercher l'origine et le point de départ de la gravure en creux*. La légende s'est aussi emparée de ce que le hasard avait fait pour Finiguerra; elle a une saveur d'originalité qui nous engage à la donner telle que nous la trouvons dans les *Curiosités de l'Archéologie et des Beaux-Arts* :

« L'art de l'impression des estampes gravées a pris

---

* A l'opposé de la taille dans le bois où les reliefs seuls portent sur le papier, dans la taille du métal les creux seuls gardent l'encre et l'impriment; dans ce dernier cas la planité de la planche, bien essuyée, porte en blanc. (Voir fig. 80 et 81.)

naissance à Florence, dans l'atelier du plus célèbre orfèvre de l'époque, Tomaso Finiguerra. Il dessinait et gravait à merveille, et excellait aussi dans l'art de nieller. Cet art, fort en usage durant tout le moyen âge, mais qui fut abandonné vers le temps de Léon X, consistait à étendre dans les tailles d'une gravure exécutée sur l'or et sur l'argent une composition métallique, espèce d'émail noirâtre, appelé en latin, à cause de sa couleur, nigellum, et en italien niella ; cet émail, qu'on fixait en le mettant en fusion, était ensuite poli avec le reste du métal. Comme il n'était possible ni de corriger, ni de faire la moindre retouche à la gravure une fois que la nielle était fixée dans les tailles, il fallait, avant de l'y introduire, s'assurer si le travail était terminé ; aussi les orfèvres étaient-ils dans l'usage de prendre des empreintes de leur gravure, soit avec une terre extrêmement fine et compacte, soit avec du soufre coulé. Or, voici ce qui se passa un jour dans l'atelier de Finiguerra. Une femme, portant un paquet de linge mouillé, le déposa sur l'établi du graveur, sans faire attention qu'il s'y trouvait une planche prête à être niellée. Au bout de quelque temps, cette femme reprenant son paquet, Finiguerra fut fort étonné de voir tout le travail de la gravure empreint sur le linge humide. Il répéta aussitôt cet essai, d'abord avec d'autres linges : puis, réfléchissant qu'un papier humide pouvait produire le même résultat, quelques chiffons placés derrière son papier et la paume de la main lui suffirent pour se convaincre de la vérité de la conjecture. Bientôt, remplaçant le linge par une étoffe de laine, dont les poils plus élastiques devaient faire

Fig. 50. — La Sauvageresse et la licorne, d'après une gravure sur cuivre,
par le Maître E. S. D., 1466. (Bartsch, 93.)

Fig. 51. — Gravure sur cuivre de Martin Schœngauer. — La fuite en Égypte.

entrer plus fortement le papier dans les tailles; substituant à la matière noirâtre destinée à opérer la niellure, une composition qui avait un peu plus de rapport avec notre encre d'impression; enfin employant, au lieu de la paume de la main, un rouleau de bois au moyen duquel la pression devenait plus forte et plus égale, il obtint une véritable épreuve de ses planches gravées, et donna à ses confrères l'exemple de l'impression des estampes. Selon la tradition, la découverte de Finiguerra se rapportait à l'année 1455 environ.

« On pense que la précieuse estampe de la Bibliothèque nationale (*fond Marolle*), représentant le *Couronnement de la Vierge*, n'est autre chose que l'épreuve d'une patène niellée par Finiguerra, dès les premiers temps de sa découverte. Cette patène se trouve encore à Florence, dans l'église Saint-Jean.

« Le premier livre illustré de gravures sur métal parut à Florence en 1477; c'est *Il Monte Santo di Dio*.

« D'abord on ne grava que rarement sur cuivre. Jusqu'à Marc-Antoine, les graveurs italiens ne se servirent que de planches d'étain ou d'argent, de là vient l'aspect terne et grisâtre de leurs estampes. »

Le fait d'avoir remarqué que les creux imprimés par le burin dans les plaques métalliques, puis enduites d'encre noire, étaient reproduits par impression, a suffi pour démontrer la possibilité de graver de la sorte et d'obtenir ainsi des épreuves multiples. La taille-douce était créée et utilisée pour l'ornementation du livre, à son illustration, plus particulièrement dans les débuts en Allemagne, en Hollande; cependant une difficulté surgit; on ne pouvait, comme dans le bois, bloquer le cuivre dans le milieu du texte. Pour les vignettes, les petits motifs, les gravures intercalées, il fallut ménager la place et procéder à un second tirage.

Alors qu'en Italie les artistes s'attachaient simplement à tirer de bonnes épreuves de leurs nielles, et cela jusque vers 1470, en Allemagne, au contraire, dès 1466, on avait appliqué le procédé d'impression à la gravure sur cuivre.

« Bien que venue très simplement des xylographes, (c'est-à-dire de ces planches taillées d'un seul bloc que les gens du xve siècle faisaient servir à la reproduction d'images de piété), écrit M. Henri Bouchot*, la typographie une fois solidement établie, répandue partout dans le monde, fut assez longue à revenir aux figures intercalées. On croit que l'imprimeur Albert Pfister, établi à Bamberg, fut le premier à tenter l'aventure, en habillant tout bonnement dans un texte de Bœhmer d'anciens xylographes utilisés. Puis il y eut Ulrich Hahn, chassé de Vienne, qui s'en alla chercher fortune à Rome et mit en œuvre un livre à figures très rudimentaires, vraisemblablement taillées par lui-même, au nom du célèbre Torquemada.

« Il va de soi que les nombreux praticiens du livre installés en Italie tombaient dans un milieu artistique où leur industrie avait tout à gagner. En quelques années, Ehrard Ratdolt avait fait de nombreux élèves qui prirent sur lui une notable avance. Venise, Ferrare, eurent des ateliers où des essais de décoration furent

* Cf. — *Les Livres à Vignettes* du xve au xixe siècle, par HENRI BOUCHOT, du Cabinet des Estampes. — Paris, Édouard Rouveyre, 1891, deux volumes in-18 jésus.

fraglanan vnguentis optimis qz̃ nõ m̃ etiue dulcedis lacz̃ sintes aliss
ss̃ bone q̃ odoz̃ʃ opi oniʃ gratio oduc̃ velp̃ gt̃ absentes · bonu hũe testi
moz̃m̃ ꝫ ab hus q̃ mtg̃ ꝫ ab hus q̃ fort̃ siũ · habeũ mãy lac mtg̃ et fort̃
vnguentia quo quidẽ nõ esset quos lacte refice͡s · si nõ p̃ ub odõe͡
adtrahere͡s ·   ꝶ tripler vnguentũ ʃ cõtrit̃ f̃ · de uocõf̃ · ꝫ et
pietatf̃

Fig. 52. — Gravure en *criblé* ou *interrasile* de 1406.
(Sainte-Face.)

Sz z illa duobz modis hetur. du et nos pditcoz ntedung i alteiz
et alteiz eg viaffim. nobis reciptimg affem. Et hoc i duobz modis
impedit. Obstinacoe. z suspicoe. Obstinato no pmittit nos yad
alteiz cor mgredi. ne suspico patit trede nos ab alijs amari.
Cont y habeat obstaty antate y ne gretemq sua sut et alcos
diligat. habeat suspicoso antate oia credetem et ab aliis se
diligi sine
dubio credat.

Fig. 55. — Gravure en *criblé* ou *interrasile* de 1406.
(Portement de croix.)

couronnés de succès, et ouvrirent aux anciens minia-turistes des manuscrits une voie inattendue. Presque au même instant, un nielleur, Maso Finiguerra, trou-vait par hasard un procédé nouveau de gravure en appliquant sur le papier les tailles creusées dans le métal et emplies d'une matière colorante.

« Les imprimeurs n'hésitèrent pas. Ce mode imprévu leur offrait le moyen de mettre plus d'accent dans la figure; au lieu des traits péniblement épargnés sur une planche de buis et qui se traitait à la façon du caractère d'imprimerie lui-même, ils avaient loisir d'ombrer les personnages, de varier les fonds, d'obtenir un plus grand éclat. Le seul reproche à faire à la gravure en creux — la taille-douce — c'était de nécessiter deux tirages successifs, un pour les planches, l'autre pour le texte. Nicolo di Lorenzo, qui l'employa en 1477 dans le livre *Il Monte Santo di Dio*, n'en tira point tout le profit espéré. Des expériences ultérieures en montrèrent la faiblesse, et le procédé qui, transformé par Callot, devait à deux siècles d'intervalle briller d'un éclat sans pareil, fut purement et simplement abandonné à la reproduction des tableaux, et proscrit de la librairie. »

Si l'on en croyait quelques écrivains moins préoc-cupés d'exactitude que d'ambition patriotique, l'hon-neur d'avoir produit les premières gravures sur métal appartiendrait à la France, et Bernard Milnet (nom fort contesté et tout à fait contestable) serait l'auteur d'un certain nombre d'estampes en criblé qui nous parais-sent être l'œuvre de plusieurs graveurs. Parmi les planches dont on attribue l'exécution à un seul et même tailleur d'images, nous croyons reconnaître

trois manières assez différentes : la première, et selon
nous la moins dépourvue d'intérêt, consiste dans
un travail sur fond noir, criblé diversement de petits
points blancs, selon que le graveur veut faire sentir
plus ou moins l'ombre ou la lumière. On ne voit dans
ces planches aucun trait ; tout, depuis les draperies
jusqu'aux chairs, est modelé avec de petits points
blancs se détachant sur un fond uniformément obscur ;
nous citerons, comme étant dû à l'artiste dont nous
venons d'indiquer la manière, deux *Saint Christophe*,
l'un assez grand, l'autre d'une moindre dimension, un
Saint Georges, un *Saint Bernard* et une *Sainte Catherine* :
la seconde manière, employée par un autre graveur dans
ce même genre criblé, a une façon tout à fait personnelle et marque la transition entre le tailleur d'images,
que nous avons mentionné, et celui dont nous parle-
rons tout à l'heure. Ici les points blancs ne couvrent que
les parties de l'estampe figurant un fond d'or ; les autres
parties sont indiquées au moyen d'un trait souvent incorrect, mais mené cependant avec une certaine liberté.

Enfin la troisième aurait été employée par un artiste
n'ayant gravé que trois pièces parmi les estampes que
nous connaissons : Le *Baiser de Judas*, *Jésus portant sa
croix* et le *Jugement dernier*. Cette dernière estampe,
qui a, relativement aux autres gravures en criblé, de fort
grandes dimensions (300 millimètres de haut sur 218 de
large), est exécutée par un procédé qui nous semble
presque inexplicable ; une planche de métal tendre,
de l'argent, par exemple, doit avoir été employée par
le graveur ; avec un burin peu tranchant, éraillant
plutôt que coupant le métal, l'artiste doit avoir tracé les

figures et préparé le fond, qu'une impression malhabile a pu détériorer.

Deux épreuves de ces gravures furent trouvées, en 1869, par M. Henri Delaborde qui en publia une description fort intéressante dans la *Gazette des Beaux-Arts*. Ces planches sont imprimées sur les feuillets d'un manuscrit écrit avant 1406, ce qui indique que, dès les premières années du xve siècle, on avait eu l'idée d'imprimer des planches gravées.

Fig. 54. — Gravure en *criblé* ou *interrasile* (saint Dominique).

Les opinions sont assez partagées sur le procédé de cette gravure ; était-elle faite en creux et alors elle serait métallique, au contraire avec les contours arrêtés et saillants, les grands blancs de bord, et le seul pointillé du sujet, on pourrait croire qu'elle a été creusée dans le bois. L'effet en est bizarre et toujours curieux. Aucun contour n'est accusé, aucune dégradation de teinte n'existe. Le fond en est tantôt noir avec des lignes courtes, ondulées pour indiquer les feuilles d'arbres dont les troncs sont simulés par des lignes transversales blanches. Un pointillé blanc sur noir, quelquefois noir sur blanc, indique par son espacement ou son accumulation les contours des personnages ; c'est ainsi du reste qu'on peut en juger en voyant le criblé qu'on croit être de 1406, *Jésus-Christ portant sa croix*.

y

13

Au point de vue de l'art, voici le sentiment exprimé par M. Henri Delaborde : « S'il fallait les envisager au point de vue de l'art, ces gravures n'offriraient qu'un bien médiocre intérêt. Le dessin, plus barbare encore que dans les pièces allemandes gravées en bois, y affecte une invraisemblance hiéroglyphique. L'effet absolument conventionnel, le modelé nul, puisque, en raison de l'intensité monotone des noirs, il n'exprime ni la saillie, ni la dépression relative des formes, en un mot toutes les infidélités à la nature, tous les mensonges que peut entraîner l'infirmité du goût ou un puéril esprit de système, voilà ce que les estampes criblées accusent à l'exception du reste*. »

« Le criblé**, ainsi que l'écrivait M. H. Hymans, est un genre de gravure où le sujet est produit par une combinaison de points et de traits croisés, se détachant en blanc sur un champ noir et où cependant apparaissent des traits noirs sur fond blanc, révélant ainsi une combinaison, plus singulière qu'heureuse, de gravure en creux et de gravure en relief. Dès lors, on est naturellement amené à se demander si c'est en bois ou en

---

* Cf. H. DELABORDE. *La Gravure* (dans la *Bibliothèque de l'enseignement des Beaux-Arts*). Paris, Société française d'éditions d'art. L.-Henry May, 1890, in-8 carré.
La *Bibliothèque de l'enseignement des Beaux-Arts*, publiée sous le patronage de l'administration des Beaux-Arts, honorée d'un prix Montyon par l'Académie française et du prix Bordin par l'Académie des Beaux-Arts,. se compose de 55 volumes (1881-1899) illustrés de 12 000 gravures.
** *Criblé* ou *interrasile* (de *inter radere*) par les Français, *geschrottene Arbeit* par les Allemands et *dotted engraving* par les Anglais, dénominations qui toutes donnent une idée assez exacte de l'effet produit à l'impression par les planches, mais nous laissent dans l'ignorance des procédés techniques employés pour les mettre au jour.

métal que sont exécutés les criblés. L'épaisseur du
contour des mains et des visages, le peu de délicatesse
du travail des chevelures, ces points nombreux enle-
vés en blanc sur le fond noir et par conséquent en-
taillés, semblent nous indiquer sûrement que c'est bien
là de la taille d'épargne ; mais si nous passons à l'examen
d'autres parties, des fleurons, des parquets presque
toujours très travaillés ou bien encore des fonds, souvent sinon toujours ornés de dessins, nous constatons
une finesse de traits que le burin seul peut donner. Et
ce n'est pas tout. D'autres fois encore, comme pour
achever de nous dérouter, la figure ou même tout le
sujet représenté par l'artiste, y compris les fabriques et
les accessoires du fond, comme dans le *Saint Christophe*
de la collection de Munich, vient se découper abrupte
sur le papier, recevant encore fréquemment un encadrement, peut-être exécuté isolément, le tout rappe-
lant assez bien par l'aspect général les peintures des
maîtres primitifs où le fond d'or sert, le plus souvent,
de repoussoir au sujet*. »

Nous avons vu précédemment que c'était à Lyon
que s'imprimaient les plus beaux livres ornés de gravures sur bois ; c'est encore à la même ville que nous
sommes redevables des premières estampes sur métal
portant une date certaine.

Dans un volume in-folio, intitulé : *Des Saintes péré-
grinations de Jérusalem et des lieux prochains, du mont
Synaï et la glorieuse Caterine* (tiré du latin de Bernard

---

* Voyez la reproduction de cette curieuse estampe dans le
*Recueil de copies photographiques des plus rares gravures des xve et
xvie siècles qui se trouvent dans la collection royale de Munich,*
publié par ROBERT BRULLIOT. Munich, 1856.

de Breydenbach, par frère Nicolas le Huen), Lyon, Michelet Zopie de Pymont et Jacques Heremberck, 1488, on trouve sept planches gravées sur cuivre qui représentent les panoramas de Venise, de Parenzo, de Corfou, de Modon, de Candie, de Rhodes, et enfin une vue générale de la Terre Sainte et des lieux circonvoisins.

Fig. 55. — Gravure sur cuivre par Israël van Meckel. (Sᵗ Hérodiade.)

Nous avons cité comme premier maître en gravure sur métal Baccio Baldini; après lui, parmi les plus célèbres si ce n'est le plus célèbre, c'est Marc-Antoine; Mantegna, Mocelto, le maître à l'oiseau, sont les principaux de l'Italie.

En Allemagne, on compte Martin Schœngauer, Sebald Beham, Albert Dürer et Hans Holbein; et, en Hollande, Van Dyck, Corneille Visscher, Rembrandt, Ruisdael, Israël van Meckel.

Fig. 56. — Gravure de Nicoleto de Modène. — Annonciation aux Bergers.

Fig. 57. — Gravure d'Albert Dürer. — La Nativité.

La France a eu ses artistes aussi, mais avant Callot on ne peut guère les compter parmi les maîtres.

En général, les artistes eux-mêmes qui s'adonnaient à la gravure ont essayé des deux méthodes, de la gravure en relief et de celle en creux; le sentiment de nouveauté, de curiosité devait les guider en cela, ils l'ont eu et l'ont poussé plus loin encore, puisqu'ils s'adonnaient à la gravure à l'eau-forte.

Nous citerons quelques noms d'artistes français pour les xvᵉ et xvıᵉ siècles, Noël Garnier, Jean Duvet, Cl. Corneille, J. Gourmont, J. Cousin, Étienne Dupirac, Woiëriot, etc.

« Dans la dernière moitié du xvıᵉ siècle, écrivait M. Jules Le Petit, la gravure sur bois s'en allait déclinant graduellement, pendant que la gravure en taille-douce sur cuivre arrivait presque à son apogée, grâce au fameux éditeur d'Anvers, Christophe Plantin, dont la France a le droit de s'enorgueillir, puisqu'il était né en Touraine. Celui-ci se mit à publier coup sur coup de nombreux ouvrages illustrés.

« De cette époque date une grande réforme dans la disposition des gravures dans les livres. Jamais imprimeur ancien n'employa autant d'artistes et ne mit en circulation tant de belles œuvres, où la gravure sur bois et la gravure sur métal purent se donner librement carrière. Il faudrait visiter minutieusement le fameux musée Plantin, conservé à Anvers, pour se rendre compte du nombre prodigieux, de la beauté et de la variété des ouvrages sortis des officines de cette célèbre famille d'imprimeurs. »

Parmi les plus beaux livres ornés de gravures citons

encore les suivants : le *Sambucus, Emblemata*, daté de 1564, contenant de nombreuses et superbes figures, dues à la collaboration de deux artistes, Jean Croissant et Assuerus Van Londerzeel; les *Observations de plusieurs singularitez*, par Pierre Belon, du Mans, premier ouvrage illustré publié par Plantin, en 1555; les *Devises Héroïques*, de Claude Paradin, première édition peu connue, datée de 1561, format in-16; les *Emblèmes* de Hadrianus Junius (en latin), 1565.

Selon M. A.-Firmin Didot, « le nombre des graveurs sur bois et sur cuivre occupés dans les ateliers de Plantin devait être extrêmement considérable, à en juger par le grand nombre d'ouvrages illustrés sortis de ses presses ». Cependant, on ne connaît que quelques noms des graveurs employés par lui.

L'un des livres les plus plus intéressants, *Humanæ salutis monumenta*, d'Arias Montanus, daté de 1571, est orné de nombreuses gravures sur cuivre, de la plus grande finesse, par Wierix, Van der Borcht, et autres. Le fameux éditeur en publia deux éditions la même année, avec des gravures entièrement différentes. Le volume intitulé *Officium beatæ Mariæ Virginis*, daté de 1573, est aussi bien illustré, de même que l'ouvrage de Hillesemius, *Sacrarum antiquitatum monumenta*, de 1577. Plusieurs des livres de Chr. Plantin renferment des eaux-fortes dont l'exécution, nette, hardie et fine en même temps, indiquent que déjà les graveurs de cette époque possédaient les ressources de cet art, qui, au siècle suivant, devait être pratiqué d'une façon si magnifique par Rembrandt et quelques autres grands maîtres. Le volume in-4° de

Laurentius Gambara, *Rerum sacrarum liber*, publié
en 1577, contenant des eaux-fortes de Bernadinus Pas-
sarus, et l'ouvrage petit in-8°, intitulé *Sancti Epiphanii
ad physiologium*, daté de 1578, orné de belles eaux-
fortes de Pierre Van der Borcht, sont de superbes
spécimens en ce genre.

Les artistes qui passèrent dans l'officine de Plantin,
formèrent une école de gravure en taille-douce, dont
les œuvres unissent la finesse du trait à l'expression
des figures et au grand caractère du dessin.

On peut même dire que, malgré l'esprit et la grâce
des graveurs du siècle suivant, surtout de l'école française, l'habileté des artistes que nous allons citer n'a
jamais été dépassée.

Les Philippe Galle, Adrien Collaert, Crispin de
Passe, Théodore Galle, Cornelius Galle, Mallery,
Waldor, Van Sichem, Bolswert, et plusieurs autres
graveurs et dessinateurs, qui vécurent à cette époque,
se rattachent évidemment à l'école d'Anvers. Quelques-
uns même travaillèrent dans l'officine de Plantin. Nous
ne pouvons pas citer tous les volumes intéressants
sortis des mains de ces artistes. Le plus curieux peut-
être et le plus rare est l'*Esbâtiment moral des animaux* (1578), illustré d'eaux-fortes de Philippe Galle.
Une série fort curieuse de livres illustrés par Crispin
de Passe témoigne assez que ce maître unissait la
fécondité au talent le plus souple et le plus délicat.
Les *Métamorphoses d'Ovide* (avec texte latin), publiées
à Arnheim, en 1607, de format in-4°, plusieurs livres
d'emblèmes, de Heinsius et de Rollenhagen, les *Emblemata amatoria* de Juste Reissenberg, le *Livre de la*

Genèse (1612), le *Virgile* (1612), l'*Homère* (1613), etc.,
peuvent donner la meilleure idée du mérite de cet artiste.

A côté de ceux-là et de quelques autres beaux livres
publiés dans les Flandres, il existe une série, des moins
connues en France et des plus rares, de livres publiés
en Hollande au xviie siècle et illustrés d'eaux-fortes
pleines de vie et de naturel. Ces gravures ornent en
grande partie les œuvres de Cats, le poète national de
la Hollande. Ce sont de charmants tableaux des mœurs
familières du pays, à la façon d'Ostade et de Steen.

Quelques graveurs français, contemporains de ceux
que nous venons de citer, pouvaient rivaliser avec les
écoles flamande et hollandaise. D'abord Thomas de
Leu, ensuite Léonard Gaultier et Michel Lasne, Chauveau et plus tard Chéreau se distinguèrent dans l'illustration de plusieurs excellents ouvrages. On pourrait
aussi faire entrer dans cette étude les différentes suites
de figures si spirituelles et souvent si satiriques,
dessinées et gravées par Jacques Callot; et aussi les
jolies gravures de Sébastien Leclerc.

Vers la fin du xvie siècle, une école de graveurs au
burin s'imposa et détrôna les partisans de l'ancienne
méthode de la taille en relief, et bientôt montra sa supériorité incontestable.

« C'est que déjà, écrit M. Henri Bouchot*, le coloriage des figures se comprenait moins et qu'on cherchait à suppléer les tons du pinceau par des accentu-
ations dans le rendu des images. Plantin, établi à

---

* Cf. — *Les Livres à Vignettes* du xv° au xix° siècle, par HENRI
BOUCHOT, du Cabinet des Estampes. Paris, Édouard Rouveyre,
1891, deux volumes in-18 jésus.

Fig. 58 à 61. — *Les Misères de la Guerre*, par Callot.
L'Hôpital, — la Roue, — les Pendus, — l'Estrapade.

Fig. 62. — Fragment de la *Foire de Florence*, par Callot.

Anvers, commençait à répandre des ouvrages' où les tailles-douces, très poussées, vigoureuses, compensaient habilement l'absence de bariolages à la main. La France, demeurée maîtresse dans l'art d'impression, s'empara très vite de ce mode inédit et contribua à sa diffusion. A l'heure où cette révolution se produisait, l'art se perdait dans les conceptions hiératiques des raphaélistes, et s'abîmait dans les erreurs de l'école de Fontainebleau. A vrai dire elle fut une décadence dans le livre ; elle contribua à fonder ce Parnasse singulier de « tailleurs d'histoires » retrouvés au commencement du règne de Louis XIII, dont la gloire se perd dans les afféteries, les exagérations et le manque de goût.

« C'était encore et toujours le livre à figures, un peu détourné de ses tendances anciennes, mais accentué dans le sens de la gaucherie et de la lourdeur. Il manquait aux artistes une formule gracieuse d'écrire leur pensée, et leur préoccupation de ne point rompre trop brusquement avec les traditions anciennes du bois se manifestait par une volonté pénible de parodier en creux la taille en relief d'auparavant. Aussi bien le coloriage n'était-il point complètement abandonné encore ; on trouve de ces gravures habillant un texte, couvertes précieusement de gouaches et de rehauts, sur l'intention de singer des aquarelles originales. Le livre à figures n'est point oublié encore.

« Ce fut Jacques Callot qui tira l'illustration de l'impasse, très inconsciemment, sans même le prévoir, il faut l'avouer. Mais par sa recherche des infiniment petits, par la substitution géniale de l'eau-forte au burin maladroit et brutal, par mille pratiques nouvelles imaginées et qui permettaient les finesses à la fois et les colorations, Callot ouvrait une voie que d'autres allaient tantôt suivre et élargir encore. A partir de lui la vignette, la vignette française, avait reçu le brevet de vie, sauf à attendre un bon demi-siècle les perfectionnements nécessaires.

« J'ai tenté de rendre à Callot la gloire qui lui est due, dans un livre dernièrement publié sur son œuvre[*]; je ne sache pas qu'on ait jamais songé à faire de lui le précurseur des maîtres coquets et pimpants du xviiie siècle, d'Eisen, de Cochin, de Moreau, en passant par Sébastien Leclerc et Gillot. Pourtant le lien qui unit ces hommes est ininterrompu. Il se peut suivre d'années en années jusqu'aux approches de la Révolution française, pendant plus d'un siècle et demi.

« L'inventeur d'une méthode la conduit rarement à ses perfectionnements logiques, ceci est une loi de philosophie sociale. James Watt ne prévoyait pas les locomotives, ni Franklin les tramways électriques. Callot, en décrivant la misère des gueux, les tristesses de la guerre, ne soupçonnait pas avoir doté l'art d'une formule originale et parfaite. Lui-même ne sut point l'appliquer à la décoration du livre ; ses vignettes de la *Lumière du Cloistre* sont un tâtonnement encore ; mais le plus fort était fait.

« La vignette était donc née le jour précis où Callot, ennemi des tailles rudes du burin, s'était avisé de traduire ses idées directement sur le cuivre, comme on trace des lignes sur le papier. D'autres l'avaient précédé

---

[*] Cf. HENRI BOUCHOT. *Jacques Callot, sa vie, son œuvre et ses continuateurs.* Paris, Hachette et Cie, 1889, in-18 jésus.

qui avaient tenté pareillement l'aventure, mais s'en étaient lassés à cause des mécomptes nombreux, des défauts du vernis mou, de la brutalité des bains mal dosés. Callot se débarrassa vite de ces empêchements. Au vernis mou, que la pointe attaque inégalement, il substitua une composition tout aussi résistante à l'acide, mais plus docile au travail de l'outil, le simple vernis dont les luthiers se servaient pour peindre leurs instruments. »

Nous mentionnerons, sans nous y arrêter, les *Emblèmes*, si en honneur aux xvie et xviie siècles; le plus célèbre de ces sortes de livres est celui publié par Alciat. C'est le libraire Steyner d'Augsbourg qui eut l'idée de le publier illustré, seulement il s'adressa à un graveur sans talent qui ne sut pas donner l'interprétation, le cachet et la finesse qu'avaient les dessins.

Donnons encore le nom de deux artistes du xviie siècle qui soutinrent avec honneur l'ancien renom de l'Allemagne et de la Suisse, Mathieu Mérian et Conrad Meyer. La fameuse *Bible* illustrée par ce dernier, publiée sans date vers 1660 à Zurich, et sa *Danse des Morts* (1650) sont d'une grande beauté. La Suisse conserva du reste pendant le cours du xviie et du xviiie siècle une saveur de terroir toute particulière. Schellenberg, qui a gravé une si remarquable *Danse des Morts*, Gessner, Dunker et Freudenberg sont des artistes d'un tempérament original et robuste.

En ce qui concerne le xviiie siècle, dont on s'occupe beaucoup depuis quelques années, il n'est guère d'amateur qui ne soit au courant du système d'ornementation des livres en France, pendant les règnes de

Louis XV et de Louis XVI. Tout le monde connaît les charmants dessins des Boucher, Gravelot, Cochin, Eisen, Oudry, Moreau, Marillier, Monnet, Le Barbier, Saint-Quentin, Queverdo, Lefèvre, etc., et les gravures ravissantes exécutées d'après ces dessins, par Laurent Cars, Duclos, Baquoy, Lempereur, Legrand, J. Punt, Moitte, Lemire, Tardieu, Leveau, Longueil, Massard, Masquelier, Tillière, Simonet, Halbou, etc., et tant d'autres dont les œuvres gracieuses, pleines de talent et de charme, n'ont jamais été dépassées, sinon égalées.

Ces vignettistes, au xviiie siècle, a écrit M. Henri Bouchot, ont occupé une grande place dans la production de la gravure. Ces charmants tableaux, microscopiques quelquefois, ces scènes allégoriques où l'imagination de l'artiste s'envolait, où le burin, nerveusement manié, s'enlevait en des contours exagérés, maniérant les personnages, créant des paysages de pastorale et hors de réalité, des scènes allégoriques et sentimentales interprétées par la lecture et l'adaptation d'un texte tronqué, parfois incompris, ne peuvent laisser l'amateur indifférent.

Avec une justesse d'expression et de sentiment remarquables, le vicomte Henri Delaborde a analysé ces illustrateurs des livres publiés pendant les règnes de Louis XV et de Louis XVI.

« Quelque rapide que doive être ici l'indication du mouvement de la gravure en France, pendant tout le règne de Louis XV ou au commencement du règne de Louis XVI, comment ne pas mentionner pourtant, à côté des planches d'histoire ou de genre, ces innombrables vignettes pour les romans, les recueils de fables

Fig. 63. — Frontispice pour une suite d'estampes
gravées par la marquise de Pompadour.

Les Graces qui dans les Ouvrages
De l'incomparable Watteau
Offront par tout aux yeux de nantes images
.....des ....

Fig. 64. — Frontispice composé par Boucher, pour le Second livre
des *Figures de différents caractères de paysages et d'études,*
par Antoine Watteau, tirées des plus célèbres cabinets de Paris.

ou de chansons, pour les publications de toute espèce, dont l'ensemble atteste si bien la fécondité et la grâce de l'art français à cette époque? Comment ne pas rappeler au moins les noms de ces aimables graveurs, dessinateurs bien souvent des petites compositions qu'ils reportaient sur le cuivre, de ces *poetæ minores* ou, si l'on veut, de ces vaudevillistes de la gravure, qui depuis les traducteurs des dessins de Gravelot, d'Eisen et de Gabriel de Saint-Aubin jusqu'à Choffard, depuis Cochin jusqu'à Moreau, nous ont laissé tant de pièces empreintes de l'imagination la plus abondante et la plus souple, ou de l'esprit d'observation le plus fin? Artistes inventifs et ingénieux entre tous, au goût délicat même dans les inventions les plus capricieuses, au talent spirituel par excellence, et dont l'habileté exquise, très savante sous des apparences frivoles, ne trouverait son équivalent dans les œuvres d'aucune autre époque ni dans l'école d'aucun pays. »

A l'origine, la vignette, petite estampe, représentait ordinairement des pampres et des raisins, dont on ornait le haut de la première page d'un livre ou d'un chapitre. Les vignettes, estampes, étaient gravées en bois et entraient, comme caractère mobile, dans la composition de la page de l'imprimeur. Dans la suite, des éditeurs ont fait graver les vignettes en taille-douce; il fallut alors les tirer séparément, après que la feuille de papier était sortie des mains de l'imprimeur typographe. Dès lors aussi, à l'ornement en rinceaux des anciennes vignettes, on substitua de petites compositions historiques ou allégoriques, analogues au sujet du livre; puis on étendit le nom de vignette à toutes les petites estampes d'un livre, soit qu'elles fussent au haut des pages, soit qu'elles ornassent le frontispice, ou les bas de page à la fin des chapitres ; enfin on le donne aujourd'hui, même à celles qui occupent toute une page, quand elles sont entourées d'un cartouche.

On ne peut rendre l'impression produite par l'aspect et la facture des vignettes du xviiie siècle mieux que ne l'a fait M. Delaborde. En effet, malgré les exagérations voulues, les sacrifices aux goûts et aux modes qui se trouvent parfois en dehors de toute réalité et surtout de toute vérité, il y a dans ces délicates gravures un sentiment d'art souvent très élevé. L'artiste, le compositeur est souvent dépassé par le graveur dont le burin habile interprète avec plus d'énergie les scènes et les poses des personnages. Entre tous, peut-être pour ce milieu du xviiie siècle, Cochin a résumé la suprême habileté du graveur et son œuvre qui embrasse cinquante ans de travaux est la plus riche peut-être de toute cette époque. Mais pourquoi développer et redire ce que de bons juges en la matière ont exprimé avec une autorité que nous ne possédons pas. Il nous suffira de citer ce que M. le baron de Portalis écrivait à ce sujet*.

« Boucher, qui vient d'entreprendre et de mener à

---

* Cf. *Les dessinateurs d'illustrations au* xviiie *siècle*, par le baron Roger Portalis. Paris, Damascène Morgand, 1877, 2 vol. in-8°, avec un frontispice gravé par Jacquemart, d'après Meissonier.

Cet excellent ouvrage contient la monographie de près de 70 dessinateurs, de Gillot à Prudhon, un aperçu de leurs travaux pour l'illustration de la nomenclature des dessins originaux retrouvés dans les collections publiques et privées.

Les graveurs du xviiie *siècle* (Estampes, Vignettes et Portraits),

Fig. 65. — Viguette tirée des *Métamorphoses d'Ovide* (1767-71).
Gravé par Le Mire, d'après Boucher. (Épreuve inachevée.)
Pygmalion amoureux de sa statue.

Fig. 66. — Gravure tirée des *Contes de La Fontaine*, illustrés par Fragonard (1793).

bien la sérieuse et remarquable illustration de notre grand comique *Molière*, et qui réussit à en mettre en relief le caractère, devient, grâce à ses agréables mythologies, le professeur de dessin de la marquise de Pompadour, prise d'une belle passion pour les arts. C'est Boucher qui lui fournit les dessins qu'elle grave ; c'est Cochin qui dirige sa pointe inhabile, sa main plus habituée aux baisers qu'au crayon, et qui retouche pour la postérité ses essais d'aquafortiste. Dessinateur de premier ordre, Cochin arrive du premier coup à la perfection de la vignette dans ses figures du *Lutrin* (1740), et va pendant cinquante ans donner à la librairie ces dessins composés avec art, exécutés avec correction et remplis de charme, qui sont comptés parmi les meilleurs modèles du genre.

« Voici Gravelot de retour d'Angleterre qui vient mettre au service du livre sa facilité et son esprit. Quel heureux agencement dans ses personnages à la mimique accentuée, quelle élégance et quelle sveltesse !

« Arrivent ensuite Eisen, le dessinateur des *Contes de La Fontaine*, et Moreau, celui des *Chansons de La Borde*, deux artistes charmants entre lesquels on serait bien embarrassé de donner le premier rang, si Moreau, par son double talent de dessinateur et de graveur, ne méritait la préférence. Eisen, c'est la personnification de la grâce, mais de la grâce sensuelle, dans cette époque sensuelle et galante ; c'est le véritable illustrateur du galant Dorat, son interprète parfait, et ils ont,

par MM. le baron Roger Portalis et Henri Béraldi. Paris, Damascène Morgand, 1880, 3 vol. in-8°. Monographie de plus de 400 gravures, description des principales pièces et catalogues raisonnés des œuvres des graveurs les plus renommés.

on peut le dire, été créés l'un pour l'autre. Moreau,
c'est l'artiste au talent accompli, au dessin ferme et
sûr, au goût parfait, et dont la main est toujours gui-
dée par la vive intelligence. Habitué par le maniement
de la pointe à ces qualités de délicatesse et de précision
qui n'excluent ni le sentiment ni la grâce, c'est le
maître des maîtres de la vignette et l'artiste le plus
rapproché de la perfection parmi ceux qui ont entrepris le genre qui nous occupe.

« Que de fins et gracieux dessinateurs à citer encore
parmi cette brillante pléiade de la seconde moitié du
xviiie siècle! Choffard, ornemaniste d'un talent fécond
et délicat, qui vient compléter par des festons et les
ingénieux emblèmes que sa pointe invente, les compositions plus importantes de ses collaborateurs; Monnet,
le peintre des sujets risqués, qui a toujours un état de
ses planches avant le nuage ou avant la draperie; les
deux Saint-Aubin, dessinateurs et graveurs pleins
d'imagination et d'imprévu; Borel, aux galantes élucu-
brations; Marillier enfin, qui excelle également dans la
vignette et le fleuron, auquel on doit ce petit chef-
d'œuvre de goût, les *Fables de Dorat*. Les *Idylles de
Berquin*, où ses bergers amoureux et ses moutons
enrubannés peuvent se donner carrière, les *Pastorales*
de Gessner, que tous les vignettistes à la mode veulent
illustrer à leur tour, sans parler des eaux-fortes bien
lourdes de l'auteur lui-même, sont parfaitement dans la
note du moment. Tout le monde, en effet, fait profession d'aimer la nature. La mode est à l'idylle, aux
scènes pastorales, et la nature, très arrangée, est mise
en vers dans de nombreux poèmes des *Saisons* et des

Jardins, et devient, sous le crayon des artistes, le dernier mot du charmant. Le ton est donné par une reine jeune et belle qui descend de son trône pour jouer à la bergère et va surveiller elle-même sa laiterie. Un délicieux artiste, Fragonard, compagnon de l'abbé de Saint-Non en Italie, voit aussi la nature à sa manière et l'accommode sans façon à son goût. Mais quelle couleur dans ses compositions, quel art dans ces figures indécises pleines de sous-entendus et de réticences!

« Cependant, malgré tout le talent déployé par ces maîtres des sujets galants, l'art touche avec eux aux dernières limites du maniéré, et par son exagération même fait naître un commencement de réaction. Quelques notes discordantes viennent troubler le concert de louanges provoqué par l'habileté des dessinateurs patentés du livre. Cochin lui-même, et pourtant l'un d'eux, jette le cri d'alarme dans ses ouvrages et déplore l'abandon du grand art. On commençait aussi à se moquer de la manie qu'avait chaque auteur de remplir à grands frais, de gravures faute d'idées, les moindres opuscules. En 1772, Cazotte fait paraître son joli conte du *Diable amoureux*, avec des gravures grotesques qui sont attribuées à Moreau, moquerie à l'adresse des figures prétentieuses et souvent mauvaises des auteurs à la mode, et l'éditeur dit plaisamment dans son avertissement : « Malgré la nécessité indispensable que tout le monde connoit d'orner de gravures tous les ouvrages que l'on a l'honneur d'offrir au public, il s'en est peu fallu que celui-ci n'ait été forcé de s'en passer. Les artistes sont accablés d'ouvrage et passent les nuits; aussi, l'auteur était désespéré et ne pouvait ni pour or ni pour argent trouver ni dessins ni gravures; donner son ouvrage sans cela c'était le perdre..., etc. »

Dans le *Mercure de France* (1775), les critiques cherchent également à ramener les artistes à un art plus noble et plus classique. Le passage suivant, extrait de l'*Almanach historique des peintres, sculpteurs*, etc. (année 1776), bien que s'adressant plus particulièrement aux graveurs, est à ce point de vue très caractéristique.

« Le goût des vignettes, écrivait encore M. le baron Roger Portalis, est un grave écueil. Aussi communes de nos jours en *bibliographie* que les colonnes en architecture, elles arrêtent le jeune artiste né avec des dispositions heureuses. Le premier feu de son génie se dissipe et il oublie que ce ne peut être que dans des études plus majestueuses que les idées s'améliorent et s'agrandissent.... Ce n'est qu'après avoir consulté des artistes qui ont un talent distingué, et qui connaissent encore mieux que moi la profondeur de la plaie que les vignettes font à la gravure, que je m'élève contre ce genre sec et maigre; enfant de l'intérêt, vrai passe-partout des livres médiocres; genre pauvre qui, avec des traits mesquins et presque toujours négligés, a la folle prétention de vouloir représenter des grandes choses; genre qui ne fit jamais l'occupation sérieuse d'un académicien, encore moins la gloire d'un graveur qui aspire à la couronne académique; genre enfin qui tient plus à la routine et à l'indifférence d'un homme médiocre qu'au désir de se faire une réputation.... »

M. Henri Bouchot, enfin, analyse la même époque avec son esprit et sa science de spécialiste :

« Boucher et Watteau, écrivait le si bienveillant Conservateur des Estampes de la Bibliothèque nationale, personnifient admirablement la tendance double de l'époque; le premier, enfermé dans une mythologie joyeuse, infiniment décolletée, dans une cupidonnerie à triple sens, excellente pour la décoration des plafonds ou des panneaux; l'autre, plus de son temps, plus complet, voué aux petites œuvres contemporaines, avec cette pointe subtile de féminisme dont tout le siècle commençant devait s'imprégner, au point de ne pouvoir s'en dégager plus. Ainsi qu'il en fut toujours en librairie, le livre s'inspira des deux procédés; la moindre part tint pour Watteau, l'autre courut à Boucher avec des fortunes égales. Quand Moreau composera plus tard son inimitable suite du *Costume françois*, il procédera de Watteau; il tiendra de Boucher la passion des amours joufflus, des guirlandes de fleurs dont il amusera les frontispices ou les fleurons de très beaux livres. Et tous les dessinateurs du xviiie siècle subiront ce dualisme singulier, depuis Cochin, Eisen, Choffart, jusqu'à Prudhon même, le dernier venu, notre contemporain presque.

« Aux yeux des amoureux du livre à vignettes, ces deux écoles se mêlent et forment une unité inséparable. Ils ne cherchent aucune différence entre les *Baisers* de Dorat, la *Pucelle* et les illustrations documentaires et toutes d'époque de la *Nouvelle Héloïse* et de l'*Émile*. A notre point de vue spécial, ces choses ne se peuvent en vérité confondre jamais. Les unes sont la fantaisie, le roman, et si dévoilées, si provocantes qu'elles soient, ne nous apprennent rien d'exact. On dit leur art exquis, leur mollesse capiteuse, leur ragoût de sor- nettes délicieux. Mais sont-elles seules à posséder l'art? Si nous voulons les autres de préférence, c'est qu'à valeur esthétique égale, elles portent des enseigne- ments dont nous faisons cas. Il nous importe peu de connaître l'opinion de nos devanciers sur Vénus ou Cupidon, tandis que nous sommes curieux de sur- prendre mesdames les Françaises d'il y a cent cinquante ans dans leurs atours vrais et dans leurs attitudes. Met- tons que Watteau les ait un peu surfaites, légèrement enjolivées, que Saint-Aubin les ait dites plus jolies que nature, que Moreau les ait idéalisées extrêmement, elles n'en sont pas moins elles; elles dont les chroniques nous content tant de choses et que nous ne trouvons que là sous leur jour coutumier.

« Partant de là, nous devons nous défier beaucoup des réputations imposées en matière de livres à vignettes. Les meilleurs ne sont pas nécessairement ceux aux- quels les bibliophiles modernes vont de préférence. Certains ouvrages ne renferment parfois qu'une plan- che digne d'être regardée parmi cent autres, et cette seule vignette doit servir à classer l'œuvre entière. Témoin les *Fables* d'Houdart de la Motte, la plus fastidieuse et indigeste salade qui se rencontre. Hou- dart de la Motte était de l'Académie, mais son livre illisible, formidablement ennuyeux, aussi ennuyeux que les *Baisers* au moins, n'eût fait qu'un saut de l'im- primerie chez le marchand d'épices, sans les vignettes de Gillot. Vraiment ces vignettes ont sauvé les vers,

l'impression, et certaines autres planches de l'œuvre
dues à Coypel, tout simplement parce qu'elles sont sans
prétention, très sincères, et qu'elles représentent au
vrai les gens de la Régence.

« C'est, à l'état d'essai, tout ce qui devait faire la gloire
de Watteau. Gillot avait trouvé moyen d'enfermer dans
de petites planches de quelques centimètres carrés la
phrase claire et ingénieuse dont les artistes allaient
hériter de lui. Il gravait ses propres compositions, avec
une discrétion et une ampleur tout à fait inattendues
chez un homme encore tâtonnant, hésitant et marchant
un peu au hasard. Opposées aux inventions de Coypel,
plus décoratives, plus touffues, les vignettes de Claude
Gillot se différencient par une note personnelle et
voulue du meilleur aloi. Sans doute, le texte le liait et
le forçait à des scènes dont il n'avait point le maniement
aisé ; les animaux le gênaient un peu ; mais lorsque par
chance quelque partie du livre prête à l'illustration
précise des costumes ou des mœurs, il est inimitable.
Son eau-forte, nacrée, infiniment sobre, très savou-
reuse, s'accommode à ravir des étoffes, des intérieurs
pimpants d'alors. La vignette des *Grillons* est un petit
chef-d'œuvre d'esprit, laquelle nous montre une femme
en domino dans un délicieux boudoir Louis XV ; celle
des *Gourmets*, celle des *Arbres* de même ; jusqu'à l'avant-
dernière de l'œuvre, la vignette du chien qu'on bat, où
se déterminent les qualités supérieures qui devaient
former Gravelot et Eisen.

« Ce recueil de fables, voué par sa littérature pasti-
chée aux oublis inévitables, longtemps délaissé quand
d'autres eurent transformé la mode, a repris de nos

jours son rang d'ancêtre dans l'histoire du livre à
vignettes au xviiie siècle. Chauveau, Leclert et Picart
avaient continué Callot ; Gillot fit une application nouvelle du procédé et le lança. Sans parler des albums de
figures où s'amusait son talent d'ornemaniste hors de
pair, des mascarades très jolies qu'il jetait en se jouant
et qui devaient éclairer les idées de Watteau, déterminer une formule classique pour toute une période de
notre art national, Gillot brisait les idoles, renversait
les dieux olympiens au profit des gens bien vivants de
son époque. D'instinct il ramenait les goûts dans le
sens du vrai, et proscrivait les conventions surannées,
falotes et niaises dont le dernier siècle avait épuisé les
ressources. Il fut même tellement de son temps, qu'il
se ruina dans les agios du système de Law.

« Deux hommes continuèrent le mouvement, Gravelot
et Cochin ; le premier, établi de bonne heure à Londres,
l'autre ayant connu Gillot, ayant même travaillé dans
son extrême jeunesse aux fables d'Houdart de la Motte.
A Londres, Gravelot cherchait à vulgariser les tendances françaises, la vignette contemporaine, dans des
ouvrages dont ses illustrations constituent aujourd'hui
le plus grand mérite. Les *Songs in the opera of Flora*,
publiés en 1737, sont une de ses premières œuvres,
encore bien peu habile, surtout étant donné que Gravelot abandonnait la gravure des planches à l'Anglais
G. Bickham, artiste impersonnel et terre à terre. Sous
la médiocrité des transcriptions, l'imagination du dessinateur se pressent, elle a le ragoût spirituel particulier aux nôtres, avec une pointe malicieuse empruntée
à Hogarth. Mais la note définitive, la consécration du

talent de Gravelot éclate dans le *Tom Jones* de Fielding, en quatre volumes in-12, publié en 1750, aux jolis instants du costume. Gravelot y est en pleine possession de lui, il met une grâce précieuse dans les poses de ses personnages, il les campe avec une entente admirable. La *Paméla* de Richardson, donnée par lui en 1742, n'avait ni ce charme encore, ni surtout cette volonté bien assurée de faire du moderne ; le « tas d'absurdités écrites dans un style assez bon », suivant le mot de Bachaumont jugeant Richardson, avait gêné Gravelot, et le traître aqua-fortiste lui en avait imposé de cruelles.

« Concurremment à Gravelot, Cochin, demeuré en France, occupé à la décoration d'ouvrages spéciaux sur l'art militaire, l'astronomie ou la physique, s'ingéniait à marier entre eux les éléments allégoriques et les scènes contemporaines. Dans le *Parfait Ingénieur* de Didier, Mars et Vénus discutent un plan de bataille : inspiration de Boucher. Dans les *Contes* de La Fontaine (1746, 2 vol. in-8, David jeune, éditeur), il procède de son temps, cherche ses motifs dans les coquetteries de son voisinage ; comme le fera plus tard Eisen, il ne s'embarrasse point de reconstitutions hasardeuses, il habille ses héros en sujets du roi Louis XV, très naïvement et pour son grand mérite à nos yeux. Même les gravelures du *Décaméron* en cinq volumes s'affublent le plus souvent de paniers d'apparence pudique. Sous prétexte de gens du xive siècle italien, Cochin met une désinvolture singulière à copier tels quels les amis ou les amies de Mme de Pompadour ; témoin le *Médecin de Bologne* et le *Faucon*, pour ne nommer que ceux-là dans la série. On n'y regardait pas de si près alors, et ce qui donne à cette heure une valeur inestimable au *Théâtre de Molière*, de Boucher et de Laurent Cars, c'est précisément l'indifférence du dessinateur pour la recherche historique. Ce n'est plus Molière, mais c'est la société de Marivaux prise sur le vif; ôtez le texte, l'ensemble des planches formera le tableau le plus exact et le plus vécu des gens du monde, aux environs de la bataille de Fontenoy.

« Cette façon de transposer les époques, de mettre en langue vulgaire les choses classiques, est la marque essentielle des illustrateurs au commencement du xviiie siècle. Elle élargit singulièrement l'horizon de la vignette documentaire; elle permet d'étendre la recherche aux œuvres les moins propres d'apparence à compter pour des travaux sincères et pris sur nature. Ceci admis, on ne saurait jamais affirmer *a priori* que tel livre ne comporte rien d'intéressant; le cas n'est point rare de titres sérieux, aux allures antiques, couvrant une décoration absolument moderne, très neuve, très vivante et datant de l'année même inscrite à la première page. »

Des choses peu remarquées jusqu'ici contribuèrent à donner au livre à vignettes des envolées différentes; trois genres s'offraient, que les dessinateurs prenaient à tour de rôle dans leurs illustrations : l'allégorie ou la mythologie, bientôt réservées de préférence aux en-tête, aux culs-de-lampe et aux fleurons; le mixte, formé d'une alliance entre l'allégorie et la figure contemporaine, et qui s'inspirait d'idées très anciennes mises en honneur par les artistes du règne de Louis XIII, où les bergers de convention paradaient en houlettes et en chapeaux fleuris; la scène contemporaine enfin, encore un peu arrangée peut-être, pas toujours très vraie, mais empruntée aux modes et aux coutumes du temps où vivait l'artiste créateur.

Puis Prudhon passe comme un astre radieux dans le ciel de l'art et semble ménager la transition entre l'époque qui finit et celle qui va commencer. Dès le commencement du xixe siècle, l'illustration des livres subit de grandes transformations.

D'abord l'art sévère et froid, issu de la Révolution et introduit en France par David et son école, eut une influence capitale sur les vignettistes, qui ne produisirent plus que des œuvres ternes, sans expression et sans grâce.

La vignette du xixe siècle, en France tout au moins, a été aussi variable, aussi inconstante de forme, de procédé, d'effet, que notre tempérament politique. Elle suivait absolument les fluctuations qui nous ont valu une série de règnes se succédant de dix en dix ans d'abord, de vingt en vingt ans ensuite.

La lithographie, qui venait d'être inventée par Senefelder, fit en quelques années de tels progrès que, sous la Restauration et au commencement du règne de Louis-Philippe, la plupart des livres n'étaient illustrés que par ce procédé, auquel on doit un certain nombre de publications remarquables.

Pendant cette époque, les artistes ont aussi interprété par leur burin, par la plume ou le crayon, les actes de la vie, ses misères et ses surprises avec un réalisme d'un froid, d'une crudité qui surprend, mais qui ne sera pas dépassé de nos jours en dépit des écoles réalistes. Tous les livres publiés pendant la première moitié du xixᵉ siècle sont ornés de ces petites vignettes qui, des *Hermites* à Doré, sont exquises de vérité, et ont un art sincèrement original. Et la pléiade des illustrateurs est innombrable aujourd'hui; ils s'attaquent à tout, ils essaient de tout.

On ne peut que féliciter, et encourager, ces artistes, qui travaillent dans un temps où le livre illustré fait partie intrinsèque de l'individu.

On admire cependant, et avec raison, les vignettes et les illustrations des cinquante premières années de notre siècle.

Dans l'étude si documentée, que nous avons citée précédemment, M. Henri Bouchot nous donne une appréciation, bien exacte, de ce que valent les Vignettes publiées vers le milieu du xixᵉ siècle :

« L'art de la vignette sous le règne de Louis-Philippe n'est point classé encore, étiqueté définitivement dans la cervelle des amateurs; il est en train de franchir cette passe singulière qui délimite les choses reconnues anciennes des objets surannés. C'est d'ordinaire, chez nous, lorsque les costumes d'une époque ne paraissent plus ridicules, qu'on les tolère au théâtre, qu'on les revoit sans sourire, la marque formelle pour eux d'être oubliés à point. La recherche des livres datant de 1840 n'est encore qu'une manie de certains, et le gros public en est seulement aux figures du xviiiᵉ siècle, tout au plus à Desenne. Nous aurions donc mauvaise grâce presque dans un éloge hyperbolique ; pensez que plusieurs des vignettistes d'alors vivent, ce qui est une tare aux yeux des collectionneurs. Un jour viendra où l'on rendra pleine justice à cette pléiade intrépide et convaincue, à tous les lithographes, les graveurs sur bois de 1840, comme on le fait à cette heure pour Eisen ou Gravelot. Et savez-vous bien à quoi tiennent nos réserves, pour quelle cause les femmes de Gavarni ou de Beaumont, par exemple, paraissent un peu chargées? Tout simplement parce que de vieilles dames, nos contemporaines, ont gardé les atours de ces temps, et que nous voyons sur des visages ridés les papillottes et les bandeaux mis par eux sur des jeunesses. Il en a toujours été de même en France, et lorsque sous Louis XIII, les metteurs en scène de ballets grotesques cherchaient à faire rire, ils ne savaient rien de mieux que de montrer à leur public les vertugadins de la reine Margot ou les fraises d'Henri III. En aucun moment de notre histoire les illustrations de livre ne furent plus calquées sur la vie, plus absolument documentaires, ni plus franches d'allures. Aujourd'hui même, en dépit de nos écoles réalistes, nous ne disons pas mieux. Il se produisait juste à cent années d'intervalle un peu de ce mouvement dont nous parlions autrefois à propos des artistes du xviiie siècle ; on se vengeait des reconstitutions en faveur de ses contemporains.

« Le xviiie siècle épuisé, déjà on se préoccupe du xixe, bien plus vivant, bien plus vaste. Les Eisen, les Marillier, les Moreau, n'ont pratiqué qu'un seul genre, la taille-douce, tandis que les artistes nos contemporains les ont cultivés tous, et avec une supériorité incontestable, si l'on veut bien compter pour quelque chose l'originalité dans les arts. Quelque entiché que l'on soit pour les mignardises de l'autre siècle, on conviendra que c'est un peu toujours la même chose, que l'on considère la composition des figures, généralement froide, ou celle des ornements, qui ne se sauve que par la finesse d'exécution.

« Les vignettistes du xviiie siècle cessent de produire avant même l'époque de la Révolution. On n'a plus guère que quelques suites de Moreau, dont les cuivres sont utilisés par les éditeurs, même jusqu'à la Restauration. On continue à orner les livres avec la taille-douce. Au commencement de la lithographie, on se sert de l'art nouveau, pour les figures hors texte, bien entendu ; mais on y renonce bientôt, ce genre, tout artistique qu'il était au début, manquant tout à fait de charme. La gravure sur bois, abandonnée depuis le xvie siècle, est reprise alors, mais seulement pour les fleurons têtes de page et culs-de-lampe, et les figures hors texte. L'illustration sur bois, dans le texte proprement dit, commence en 1830, avec l'*Histoire du roi de Bohême et de ses sept châteaux*, par Ch. Nodier. Ce n'est qu'une tentative, mais exécutée par des maîtres : Tony Johannot comme dessinateur, et Porret comme graveur. En 1835, ce genre d'illustration conquiert son droit de cité par trois volumes préparés en même temps par l'éditeur Paulin. *Gil Blas*, qui paraît le premier, est illustré de nombreuses et spirituelles figures sur bois, grandes et petites, dessinées par Jean Gigoux et gravées par plus de vingt artistes, parmi lesquels on remarque Brévière, Porret, Best, Leloir et Thompson, qui sont restés célèbres. Vient ensuite le *Molière* en deux

Fig. 67. — Eau-forte de Célestin Nanteuil.
Frontispice pour *Marie Tudor* de Victor Hugo (1853).

Fig. 68. — Eau-forte de Célestin Nanteuil
Frontispice pour un ouvrage inconnu (1834).

volumes, publié de 1855 à 1856, et dont les dessins, confiés à T. Johannot, ont été gravés par les mêmes artistes. Tel est le début de l'illustration des textes par la gravure sur bois. Depuis, elle a perdu de son originalité, mais elle a gagné beaucoup en finesse, c'est-à-dire qu'elle est devenue de plus en plus classique. Ces tendances ont été traversées un instant par deux dessinateurs de génie, Grandville et Gavarni. Avec eux, les traits ne sont plus que des hachures. L'école romantique de la gravure sur bois est fondée. Gustave Doré entre plus hardiment encore dans cette voie. Il procède par masses. Le graveur n'a plus à suivre servilement les menus détails du dessin : il interprète.

« Les deux écoles de la gravure sur bois sont en présence. Tout porte à croire que les classiques auront le dessus ; mais, pendant ce temps, un nouveau courant se manifeste dans l'illustration des livres : l'eau-forte prend de jour en jour plus de faveur. On en raffole. L'eau-forte est devenue le passeport obligé de toute publication d'amateur. L'eau-forte, il est vrai, a une valeur particulière, mais seulement quand elle est bien réussie. Il ne faut pas que des singes de Rembrandt s'imaginent avoir créé des chefs-d'œuvre en exagérant le noir, comme pourrait faire un chat en trempant sa patte dans un encrier. Les bons aquafortistes se comptent, surtout ceux qui s'adonnent, avec succès, aux petits sujets destinés à la décoration des livres comme têtes de page.

« Les lithographies artistiques de nos jours et les belles chromolithos ont, dans l'illustration des livres, un mérite sur lequel il serait oiseux d'insister. Il n'en est pas de même des photographies collées dans le texte, qui produisent le plus déplorable effet. Outre qu'elles font goder la page, elles forment, par leur brillant insolite, un étrange disparate avec le texte typographique. »

Nous croyons cependant que le livre n'aura qu'à gagner avec les illustrations en couleurs, dont les procédés modernes sont poussés si loin, et qu'il s'en ressentira infiniment mieux dans son ornementation.

Il est vrai de dire que le goût du jour est un peu singulier. Y a-t-il éclectisme dans cette recherche du composé symbolique et naturaliste qui domine dans la facture du dessin? Faut-il voir dans ces couleurs unies, à teintes plates rapprochées les unes des autres, avec une infinie surcharge d'ornements, de bijoux, ce chatoiement de pierres précieuses, une réelle tendance vers une esthétique plus pure? Nous en doutons un peu, mais l'on ne peut, malgré soi, s'empêcher d'admirer ces souplesses dans les poses de personnages, ces décorations de draperies qui donnent une saveur spéciale au tableau, à l'estampe.

Voilà avec quoi on illustre le livre. Est-ce bien ainsi qu'il sera illustré dans l'avenir, ou bien le xxe siècle nous réserve-t-il une surprise?

Depuis quelques années, les éditeurs français ont publié d'importantes séries d'ouvrages, ornés d'eaux-fortes, puis est venue la gravure tirée en couleurs. Enfin de nombreux procédés de reproduction par l'héliogravure sont venus changer complètement la manière d'illustrer les livres. Ces procédés, qui se perfectionnent journellement, ont déjà donné des résultats si remarquables, qu'il est permis de se demander si bientôt la décadence de la gravure artistique ne doit pas arriver fatalement, pour céder la place à la science et à la mécanique.

~~~~~~~~~~~~~~~~~~~~

DE LA DISTINCTION DES ÉTATS DE GRAVURES

A. — ÉTATS DE LA GRAVURE EN RELIEF

Les *états* de la gravure en relief ainsi que ceux de la gravure en creux étant également recherchés par les amateurs et par les bibliophiles, nous allons tout d'abord nous occuper du seul état qui existe pour la gravure en relief et que l'on nomme *fumé*.

« Le fumé, ainsi que l'écrivait Octave Uzanne *, est

* Cf. *Dictionnaire Bibliophilosophique* à l'usage des Bibliophiles, des Bibliognostes, des Bibliomanes et des Bibliophilistins, par OCTAVE UZANNE. A Paris, En l'an de grâce bibliomanique, 1897. In-8° carré.

Chaque fois qu'un graveur désire connaître le résultat et l'effet de son travail, en cours d'exécution d'une œuvre, il fait tirer une épreuve. Ces tirages divers d'une même planche constituent autant d'états, c'est la notation fidèle de toutes les phases d'une gravure. Ces états, que leurs modifications classent, avec un ordre irrécusable, dans le tirage général, sont d'autant plus recherchés qu'ils sont plus rares, ayant été tirés à quelques épreuves pour renseigner l'artiste.

Il appartenait à notre époque, qui s'est efforcée de mettre le public au courant des mystères des ateliers d'artistes, de tirer un certain nombre d'épreuves d'états d'une planche pour un public choisi.

Chaque édition illustrée possède ses états de première morsure, ses états avec remarques, ses fumés et ses avant-lettre. Cela exige une série de combinaisons bizarres qui compliquent encore la mise en œuvre si lente et déjà si complexe d'un livre illustré; — le graveur est obligé d'abandonner son travail, tandis que l'imprimeur tire le nombre d'épreuves d'état demandé

l'épreuve de recherche de toute gravure en relief qui, primitivement, donnait aussitôt après la taille une empreinte à l'aide d'un poinçon noirci à la fumée, ou d'une salissure de l'index.

« Les épreuves des graveurs servent de modèles aux typographes ou plutôt aux conducteurs de machines pour la mise en train du tirage courant.

« Le mot fumé est également un terme de fonderie, c'est l'épreuve obtenue en présentant le poinçon gravé à la flamme d'une bougie et en l'appliquant ensuite sur une carte lisse.

« Les anciens graveurs sur bois tiraient eux-mêmes les premières épreuves de leurs xylographies sur un papier mince, après avoir encré l'entaille de leur bois avec du noir de fumée très fin. Ils exerçaient alors une pression sur le papier humide à l'aide du brunissoir ; — le fumé était donc un premier état sommaire, permettant à l'artiste de juger de l'avancement de son travail. C'est ainsi que procédèrent les graveurs sur bois jusques à la fin du xviiie siècle. Depuis longtemps le fumé n'est plus qu'un vain mot, l'encrage du bois se fit au doigt, puis au rouleau, et les épreuves ainsi tirées eurent beaucoup de délicatesse et de valeur.

« Les graveurs de 1840 à 1855, tous les derniers grands maîtres du genre, tirèrent leurs premières épreuves sur chine, au taquet ou au brunissoir, et ces épreuves intelligemment obtenues, avec les valeurs

par l'éditeur et cela trouble l'artiste, obligé pendant ce temps d'entreprendre une autre planche.

Il est juste d'avouer, que tout véritable connaisseur est heureux de suivre les procédés du graveur, et de s'assurer de la probité du travail.

voulues, les premiers plans accusés, les lointains mé-
nagés, méritent l'engouement des collectionneurs.

« Depuis que la zincographie nous est venue, envahis-
sante, on a conservé le nom de fumés aux épreuves
tirées sur plaques avant montage des zincs sur bois, à
l'aide de presses lithographiques par glissement; — ces
épreuves sont encore intéressantes et donnent une impression beaucoup plus nette et plus pure que le tirage
typographique; ces fumés sont tirés sur chine ou sur
japon. On y substitue depuis quelques années le *papier
couché* qui est une horreur et dont on devrait bien pros-
crire l'emploi, car une épreuve sur ce papier ne sera
jamais qu'un trompe-l'œil. »

B. — ÉTATS DE LA GRAVURE EN CREUX

L'épreuve est, à proprement parler, l'estampe tirée
sur la planche gravée, pendant qu'elle est encore entre
les mains du graveur, pour s'assurer de l'état du travail, en changer la direction ou en corriger les fautes,
s'il y a lieu*. Toutefois, on appelle également épreuves,
les estampes tirées après que le travail est entièrement
terminé et qu'il n'y a plus à y revenir. On dit, dans ce
sens, épreuve avant la lettre, épreuve avec la lettre, etc.

Dans la première de ces deux acceptions, on appelle
premières épreuves celles que le graveur tire sur son
travail au burin, quand ce travail est avancé à un certain

---

* Le tirage est l'opération par laquelle on obtient des épreuves
d'une gravure au moyen de l'impression. On dit, en ce sens,
qu'une gravure vient bien au tirage, pour peu que l'estampe rem-
plisse ou même surpasse l'attente qu'on avait pu concevoir du
bon résultat de la planche, et encore que le tirage coûte tant
du cent, qu'il a été fait à tel nombre d'épreuves.

point sur toutes les parties de la planche, bien que déjà
il en ait pu tirer sur le travail à l'eau-forte ; et pour désigner que l'ouvrage est arrivé à ce certain point, on dit
que l'œuvre est aux premières épreuves.

Dans l'autre cas, quand il s'agit d'estampes terminées
et déjà dans le commerce, on appelle premières épreuves
celles qui ont été tirées sur la planche au sortir des
mains du graveur, avant qu'elle ait été aucunement usée
ou fatiguée par un tirage multiplié, si toutefois on n'a
pas pris la précaution de la faire aciérer*. Ces premières
épreuves sont, en général, les plus belles et les plus
recherchées. De là est venu l'usage de tirer un certain
nombre d'estampes avant de graver au bas de la planche le titre du sujet de la gravure. Ces épreuves, qui
ont été manifestement tirées les premières, sont ce
qu'on appelle épreuves avant la lettre. Mais, il n'est pas
absolument impossible, soit en interposant avec précaution une bande de papier entre la feuille et la
planche à l'endroit de la lettre, soit par quelque autre
artifice, de tirer, après la lettre gravée, des épreuves
qui ne portent pas de lettre. Il arrivait aussi quelquefois que, l'inscription au bas de l'estampe devant
contribuer à l'intérêt du sujet, les épreuves avant la
lettre se trouvaient dénuées d'une indication intéressante. Pour obvier à ce double inconvénient, on a imaginé la lettre blanche et la lettre grise. On grave donc

* On sait que l'aciérage, qui fut employé pour la première
fois par Salomon et Garnier, est un procédé qui consiste à
recouvrir un cuivre gravé d'une couche d'acier infinitésimale.
Par la résistance que ce dépôt galvanoplastique lui donne,
dépôt qui peut être renouvelé autant de fois qu'il en est besoin,
la même planche gravée peut servir au tirage de centaines
d'épreuves, dont la dernière aura la même valeur que la première

Premier état.   Deuxième état.

Troisième état.   Épreuve terminée.

Fig. 69 à 72. — États successifs d'une gravure au burin.

Fig. 75. — Exemple d'un état d'eau-forte. La tête seule est terminée.

Petrus Breugel. — Antverpi pictoræ ruralium actionum.
Ant. van Dyck fecit aqua forti.

d'abord la lettre au simple trait, et l'on tire un certain nombre de premières épreuves à lettres blanches, puis on grave l'intérieur du contour de ces lettres, en tailles simples qui donnent au tirage le nombre voulu d'épreuves à lettres grises, et, enfin, on croise ces tailles simples, et on a la lettre noire, sur laquelle on tire un nombre indéfini d'estampes.

Ce procédé semble, jusqu'à présent du moins, une garantie contre toute fraude. Il a aussi l'avantage de former trois classes d'estampes au lieu de deux, quoique la différence soit, en général, peu sensible entre les épreuves à lettres blanches et les épreuves à lettres grises. En général, les graveurs font aussi tirer des épreuves avant la lettre blanche; par ce moyen, ils obtiennent des épreuves de quatre états différents, c'est-à-dire, pouvant toutes être d'un prix plus élevé les unes que les autres.

On appelle épreuves avec la remarque celles où se trouvent certains accidents, comme un faux trait dans la marge, ou quelque taille omise dans le corps du sujet, ou encore quelque croquis, ce qui témoigne que ces épreuves ont été tirées les premières, avant que l'artiste eût fait disparaître les accidents ou croquis qu'on y remarque*. Une épreuve boueuse est celle qui, ayant été tirée sans que la planche fût convenablement essuyée par l'ouvrier, est chargée de trop de

---

* Sur la valeur commerciale des états pour les gravures du xviiie siècle, il est indispensable de consulter l'important travail de M. Gustave Bourcard : *Les Estampes du* xviiie *siècle. École française. — Guide manuel de l'amateur* (suivi de la liste alphabétique des peintres, dessinateurs et graveurs cités, et terminé par celle des titres de gravures, au nombre de 1700

noir. On appelle épreuve grise celle qui a été tirée sur une planche usée, et épreuve neigeuse, celle dans laquelle, par l'effet aussi d'un commencement de fatigue de la planche, on distingue des taches blanchâtres.

Le genre de gravure le plus important est la gravure en taille-douce*, qui a pour objet de produire, par le moyen de l'estampe, des copies de tableaux, de dessins,

environ), avec une préface de PAUL EUDEL. Paris, E. Dentu, 1885, in-8° raisin.

Mentionnons aussi : *Dessins, gouaches, estampes et tableaux du XVIIIᵉ siecle, Guide de l'amateur*, par GUSTAVE BOURCARD, Membre d'honneur de la Société des peintres-graveurs français. Paris, Damascène Morgand, 1893. Fort vol. in-8° raisin.

Le but pratique de cet ouvrage c'est de faire connaître, aux amateurs et marchands, les estampes du XVIIIᵉ siècle les plus dignes d'être recherchées, les principaux états de ces estampes, les prix atteints dans les ventes depuis quinze ans, l'indication des collections où se trouvent aujourd'hui les dessins, gouaches ou tableaux originaux, etc.

* Au moyen âge, l'expression *taille-douce* était un terme d'orfèvrerie et signifiait la gravure au burin et en hachure sur les pièces de vaisselle. Ni Robert Étienne, en 1539, ni Jean Nicot, en 1606, n'ont admis cette expression. Monet, en 1635, la prend encore dans le sens de travail d'orfèvrerie, sans application à l'impression : *Tailler en taille-douce*. C'est dans le XVIIᵉ siècle seulement qu'on distingua, dans le commerce des estampes, les épreuves de la gravure en taille-douce de celles que fournissent les travaux de la pointe sèche, les eaux-fortes et les tailles de bois en relief. Voici quelques citations à ce sujet :

1541. François — nous voulons que — vous paiez comptant à nostre cher et bien amé Simon Dotières (ou Potières) marchand joyaulier, la somme de quatre cens cinquante livres tournois — pour son paiement d'un coffre d'émail, garny d'argent doré; taillé au burin. (Mandement donné à Lyon.)

1566. Ung tableau figuré, taillé en taille doulce, auquel il y a ung histoyre de passion, estant le tout d'or — xvj liv. t. (Inventaire du château de Nevers.)

1599. Deux coupes d'argent vermeil doré, de taille douce, pesant ensemble sept marcs quatre onces. (Inventaire de Gabrielle d'Estrées.) — Cf. L. de Laborde, *Glossaire*.

74. — État d'eau-forte (Eau-forte pure). (Voir au verso état plus avancé.)

Fig. 75. — État d'eau-forte plus avancé que le précédent.
Au bas, à droite, se trouve indiqué le nom du graveur qui sera effacé.

Fig. 76. — Planche terminée au burin. Epreuve AVANT la lettre.

LA
COUR ET LA VILLE
AU
XVIIIᵉ SIÈCLE

ADOLPHE JULLIEN

De Malval. sculp.   Ed. Rouveyre. Edit.   Imp. Cadart. Paris

Fig. 77. — Planche terminée. Épreuve AVEC la lettre.

et toutes sortes d'images. On a dit, avec quelque raison, que la gravure en taille-douce était, pour les arts du dessin, ce qu'est l'imprimerie pour les sciences et les belles-lettres.

Ce genre de travaux* s'exécute sur une planche de cuivre rouge, soigneusement aplanie et polie.

Le procédé le plus ancien, et aujourd'hui encore le plus puissant de la gravure sur cuivre, est celui par lequel on opère sur le cuivre nu, au moyen du burin et de la pointe sèche, ainsi appelée pour la distinguer de la pointe du graveur à l'eau-forte.

Avec la pointe sèche, on trace sur le cuivre le contour des figures, et quelques autres travaux légers. Les tailles plus larges et variées de forme, destinées à produire les effets du clair-obscur, sont l'ouvrage du burin, espèce de petit ciseau dont la tige est carrée, et la pointe pratiquée à l'un des angles, ce qui donne lieu à un biseau en losange plus ou moins allongé.

Le burin donne des tailles creusées en anglet. De la manière dont le burin a été incliné, du plus ou moins de profondeur des tailles, et aussi de la manière dont elles sont disposées, rapprochées, ou croisées entre elles, résultent les effets de clair-obscur **. Presque toujours la gravure au burin a été préparée par l'eau-

---

* Le mot travail s'emploie assez ordinairement au pluriel, en parlant de la gravure et des diverses manières dont l'artiste a varié les opérations de son burin, la forme de ses tailles. On dit : les travaux de cette estampe sont maigres, nourris, mous, fermes, variés, savants, bizarres, etc.

** Le grain est l'effet que produisent les tailles de la gravure diversement croisées entre elles.

On dit de telle ou telle combinaison de tailles, qu'elle forme un bon ou un mauvais grain.

forte*, qui supplée en grande partie au travail de la pointe sèche.

Les graveurs emploient diversement, et dans des proportions différentes, l'eau-forte, la pointe ou le burin : c'est là ce qui constitue le faire, la manière particulière de chacun.

Quand l'œuvre du graveur est terminée, la planche passe aux mains de l'imprimeur en taille-douce**. Celui-ci la couvre d'une encre plus ou moins pâteuse, puis l'essuie avec la paume de la main, de manière à enlever bien complètement tout ce qui se trouve d'encre à la surface du cuivre, sans enlever et en comprimant au contraire celle qui est entrée dans les tailles, et qui les remplit exactement.

La planche étant en cet état, on étend dessus une feuille de papier légèrement humectée, et l'on passe

---

* L'eau-forte est l'épreuve d'une planche qui n'a encore été que préparée à l'eau-forte, pour être ensuite terminée au burin, ou qui a été toute exécutée à l'eau-forte et où le burin n'a pas dû repasser. Les eaux-fortes de la première de ces deux espèces sont, pour les collections d'estampes, ce que sont les ébauches dans les collections de tableaux. Rembrandt a laissé un grand nombre de planches toutes exécutées à l'eau-forte. Quelques graveurs contemporains ont fait des eaux-fortes d'une netteté et d'un fini qui égalent le travail du burin.

** La planche du graveur est la plaque de cuivre préparée pour recevoir le travail du burin. Toutefois, par planche, on entend d'ordinaire cette plaque déjà travaillée et le travail lui-même. On dit dans ce sens qu'une planche n'est qu'ébauchée ou qu'elle est fort avancée, pour exprimer que le travail n'est que commencé ou qu'il est près d'être achevé ; et belle planche, bonne planche, pour beau travail du graveur. S'il s'agissait de la qualité de la plaque fournie par le planeur, on dirait bon cuivre, beau cuivre. On dit aussi quelquefois les cuivres pour les planches gravées, quand il s'agit de quelque collection de gravures : les cuivres du Molière, de telle édition ; du Racine, etc.

Fig. 78. — Ce que l'on entend par *Remarque.*
Épreuve d'état d'une gravure à l'eau-forte, dont la marge inférieure
est avec remarques.

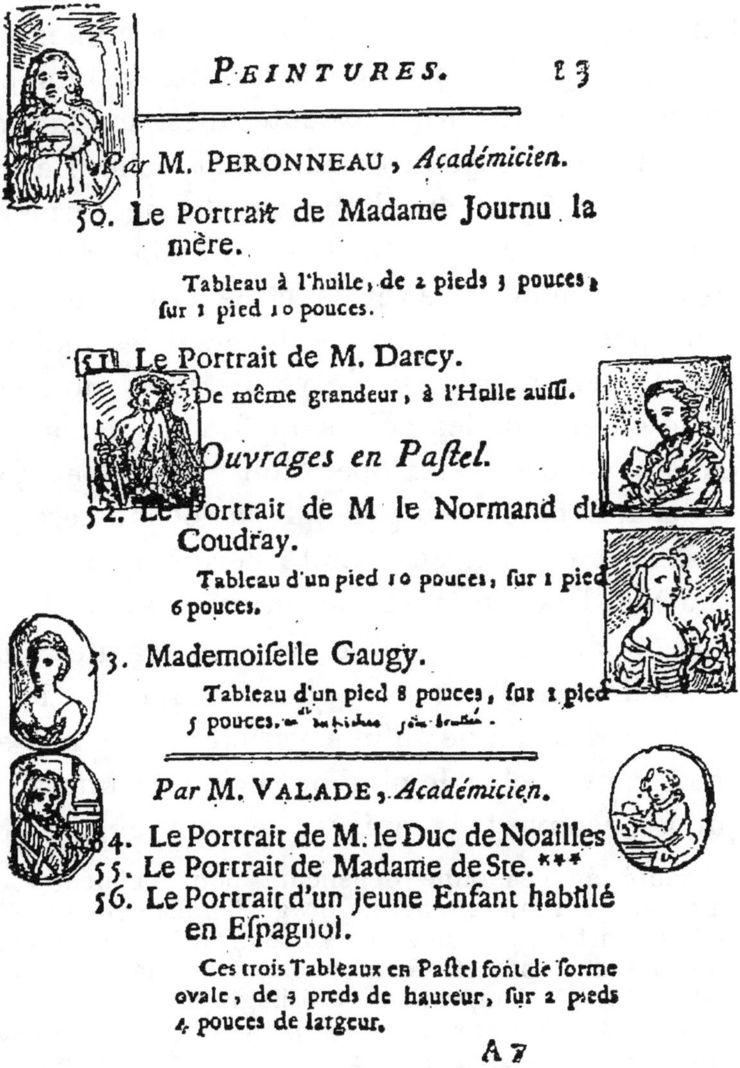

Par M. PERONNEAU, *Académicien.*

ɟ0. Le Portrait de Madame Journu la mère.

> Tableau à l'huile, de 2 pieds 3 pouces, sur 1 pied 10 pouces.

ɟ1. Le Portrait de M. Darcy.

> De même grandeur, à l'Huile auſſi.

Ouvrages en Paſtel.

ɟ2. Le Portrait de M le Normand du Coudray.

> Tableau d'un pied 10 pouces, sur 1 pied 6 pouces.

ɟ3. Mademoiſelle Gaugy.

> Tableau d'un pied 8 pouces, sur 1 pied 5 pouces.

Par M. VALADE, *Académicien.*

ɟ4. Le Portrait de M. le Duc de Noailles
ɟɟ. Le Portrait de Madame de Ste. ***
ɟ6. Le Portrait d'un jeune Enfant habillé en Eſpagnol.

> Ces trois Tableaux en Paſtel ſont de ſorme ovale, de 3 preds de hauteur, ſur 2 pieds 4 pouces de largeur.

A 7

Fig. 79. — Croquis originaux de Gabriel de Saint-Aubin sur les marges d'une page d'un *Livret des Salons* de 1769.

le tout à la presse entre deux rouleaux*. Le papier s'empreint, plus ou moins fortement, de l'encre qui était dans les tailles du cuivre, selon que ces tailles sont plus ou moins profondes : de là résulte l'estampe**.

La gravure à l'eau-forte s'exécute aussi sur la planche de cuivre soigneusement aplanie et polie. Le graveur enduit cette planche d'une couche de vernis, et avec une pointe d'acier, il trace son dessin assez profondément pour enlever le vernis, et découvrir le cuivre partout où passe la pointe, puis il verse dessus l'eauforte, qui ne peut mordre sur le vernis, mais qui ronge et grave le cuivre sur les points où il a été découvert. La première de ces deux opérations est à peu près l'œuvre du dessinateur en général; la seconde est particulière à l'art du graveur. Cette dernière consiste à laisser mordre l'eau-forte sur le cuivre juste le temps nécessaire pour qu'elle produise des cavités, des tailles***, telles qu'il les faut pour chaque partie du dessin, c'est-à-dire d'une infinie variété. Trois moyens sont donnés pour cela : le plus ou moins de finesse du trait qui a découvert le cuivre; le soin de dessiner

---

* La beauté de l'estampe dépendant pour beaucoup des soins multiples qu'il faut donner au tirage, l'imprimeur en taille-douce, habile, participe en quelque sorte du mérite de l'artiste lui-même et ne doit pas être confondu avec le simple ouvrier. Il en est de même de l'imprimeur en lithographie.

** L'estampe est l'empreinte de la planche gravée; c'est le mot propre pour désigner l'image, l'espèce de tableau que l'on obtient par le moyen de la gravure en taille douce. Il est plus correct et plus exact, en ce sens, de dire estampe que gravure; c'est à tort que l'usage de cette dernière locution a prévalu.

*** Les graveurs appellent *tailles* les incisions qu'ils font au cuivre, au moyen du burin, de la pointe, ou même de l'eau forte, d'où est venu le nom de gravure en taille-douce.

d'abord les parties qui exigent les tailles les plus
profondes, et successivement celles qui exigent des
tailles moins enfoncées, afin que l'eau-forte versée
chaque fois agisse à plus de reprises sur les unes que sur
les autres; ou bien le graveur, après avoir fait mordre
l'eau-forte une première fois sur toute la planche, recouvre de vernis successivement les parties qui doivent
être les plus claires, et fait mordre de nouveau sur celles
où sont tracés les tons vigoureux*. Le premier de ces
procédés rentre encore dans les habitudes du dessinateur qui appuie plus ou moins le crayon, suivant
qu'il veut obtenir un rendu** parfait et des touches
plus ou moins fortes; les deux autres entraînent une
multitude de petits soins qui ne sont bien connus que
du graveur. Toutefois, l'aptitude qu'ont tous les dessinateurs à manier la pointe et à dessiner sur le vernis
engage un grand nombre de peintres, ou même de
simples amateurs, à s'occuper de la gravure à l'eau-
forte comme d'un amusement.

Le mérite particulier à ce genre de gravure est
d'être susceptible de la légèreté et de l'esprit propres
au dessin composé avec verve, et tracé du premier
coup. Mais elle n'a ni l'harmonie ni le moelleux de la

---

* *Vigoureux*, se dit du coloris, alors que les teintes et les tons,
portés à un haut degré d'intensité et cependant convenablement dégradés, forment des oppositions vives avec les clairs, et
accusent franchement et fortement les formes. Une estampe
vigoureuse est celle où le noir domine, sans préjudice d'un bon
système de clair-obscur, ce à quoi concourent le mode de travail
du graveur et les soins donnés au tirage.

** On dit aussi qu'un sujet est bien rendu, pour exprimer
que rien ne manque dans la composition de ce qui peut la
rendre intelligible, et que la pensée de l'artiste est clairement
présentée.

gravure au burin; et, toutes les fois qu'on en use autrement que pour tracer sur le cuivre ce qu'on appelle des caprices, il y faut faire au moins quelques raccords au burin. Quand ce second travail est assez considérable pour qu'il recouvre en quelque sorte le premier, l'œuvre perd le caractère et le titre de gravure à l'eau-forte, et rentre dans le genre de la gravure au burin, qu'on est, comme nous l'avons dit plus haut, dans l'usage de préparer, d'esquisser, pour ainsi dire, par le procédé de l'eau-forte.

La gravure au lavis, en usage depuis le commencement du xixᵉ siècle sous la dénomination d'*aqua-tinte* ou *aqua-tinta*, est une des modifications de la gravure à l'eau-forte.

C'est aussi par le procédé à l'eau-forte que s'exécutent les gravures à la manière du crayon.

La gravure en couleurs, pour laquelle on a coutume d'employer l'eau-forte, pourrait s'exécuter également au burin; c'est par une modification des procédés de l'impression, plus encore que de ceux de la gravure, qu'on l'obtient. On grave plusieurs planches, dont chacune ne reçoit que les traits destinés à donner une des couleurs de l'estampe, lesquelles sont ordinairement au nombre de trois : le bleu, le jaune et le rouge. Ces trois planches, exactement les mêmes quant aux dimensions et aux contours du dessin, impriment successivement sur la feuille les couleurs dont elles sont chargées.

Le clair-obscur résulte, comme dans l'estampe en noir, du travail de la gravure et aussi de la fonte des trois couleurs qui sont plus ou moins transparentes et se placent l'une sur l'autre ; les blancs sont donnés par le papier qui fournit comme une quatrième couleur. Il est superflu d'ajouter que l'imprimeur doit avoir grand soin d'appliquer exactement les trois planches sur l'empreinte l'une de l'autre.

La manière noire, *mezzo-tinto* *, autre procédé de la gravure en taille-douce, diffère de la gravure au burin et de celle à l'eau-forte, en ce sens que l'artiste graveur commence par couvrir entièrement le cuivre de points, tous également profonds, et tellement, que la planche mise sous presse en cet état donnerait pour estampe un fond noir uniforme.

Pour obtenir du cuivre, ainsi préparé, des effets de clair-obscur d'où résulte une image, on refoule les tailles, on rétablit le poli de la planche plus ou moins, selon qu'on veut avoir des tons plus ou moins clairs. Ainsi, tandis que le graveur au burin procède des tons les plus clairs qui lui sont donnés par le cuivre aplani, auquel il n'a point à toucher, aux tons les plus vigoureux qui résultent des tailles les plus profondes et du travail le plus serré, le graveur à la manière noire procède au contraire des tons les plus vigoureux qui lui sont donnés par sa planche, tout hérissée de tailles, aux tons les plus clairs qu'il obtient en refoulant ces mêmes tailles, et en ramenant le cuivre à l'état de poli, ce qui s'opère en général avec le grattoir et le brunissoir. Cette opération et son résultat, comparés à ceux de la gravure au burin, peuvent s'assimiler au dessin à l'estompe com-

---

* Nom emprunté de l'italien, pour désigner ce genre de gravure, autrement appelé gravure à la manière noire.

paré au dessin au crayon. Dans l'estampe à la manière noire, le dessin est moins arrêté et plus mou, et les tons sont plus fondus, plus vaporeux et plus à l'effet. Ce genre de gravure convient surtout pour reproduire les ouvrages des coloristes ; le burin con-

Fig. 80. — Gravure sur bois.
(Relief.)

Fig. 81. — Gravure en taille-douce.
(Incision.)

vient mieux, on peut dire convient seul, à ceux des grands dessinateurs.

C'est très vraisemblablement à la gravure sur bois que nous devons l'invention de l'imprimerie en caractères mobiles. L'analogie entre ces deux arts est telle, en effet, qu'on a sujet de s'étonner que le progrès de l'un à l'autre n'ait pas été plus prompt.

Dans la gravure en taille-douce, l'artiste incise et grave les traits qu'il veut reproduire sur l'estampe ; au contraire, dans la gravure en bois, le graveur creuse et fouille les parties de la planche qui ne doivent pas se charger d'encre. Cette planche, pour laquelle il faut faire choix d'un bois qui ne soit ni poreux, ni filandreux, ni d'une sécheresse à se casser en petits éclats, ni d'un moelleux à s'émousser sous la presse, doit être bien aplanie. L'artiste trace dessus au crayon ou à la plume le dessin qu'il veut graver; puis, avec divers outils tranchants, il évide tout le fond de ce dessin et toutes les parties qui doivent, dans l'estampe, laisser apercevoir le blanc du papier.

Dans cet état, la planche présente un bas-relief à surface plate (tout à fait semblable à une page de caractères d'imprimerie), lequel se charge d'encre et se met sous presse de la même manière.

On donne aux planches gravées sur bois, et destinées à illustrer les livres, une épaisseur assortie à la hauteur des caractères d'imprimerie, elles entrent avec ceux-ci dans la composition de la page.

La gravure en bois, redevenue justement en faveur, était employée d'abord à faire des estampes du genre historique, et, depuis longtemps, ne servait plus guère qu'à imprimer ce qu'on appelle des images, ou bien des vignettes, des fleurons, des culs-de-lampe pour l'ornementation des livres.

La lithographie est un procédé au moyen duquel on multiplie, par contre-épreuve*, un dessin tracé sur la

---

* *Contre-épreuve* est le double, la répétition d'une estampe ou d'un dessin au crayon qu'on obtient en appliquant l'estampe fraîchement tirée, ou le dessin, après qu'on a eu soin de l'humecter, sur une feuille de papier blanc.
Passant dans cet état sous la presse de l'imprimeur en taille-douce, le noir de l'estampe ou le crayon du dessin se décharge en assez grande quantité, et assez également sur le papier blanc,

GAVARNI INV. ET DEL.

3

MATELOT

Fig. 82. — Les indications manuscrites. pour les graveurs
crivains de lettres, sur une épreuve d'état, ne doivent jamais être enlevées.
État d'une lithographie de Gavarni (*Costume de bal pour dame*),
avec indications pour l'écrivain lithographe.

Fig. 85 à 86. — Si, sur une épreuve d'état, les indications données
aux graveurs ou aux écrivains de lettres, ne doivent pas être effacées, à plus
forte raison les indications de l'artiste, sur les originaux,
doivent toujours être conservées.
(Dessins de C.-L. Desrais, avec indications autographes.)

pierre au crayon, à la plume, ou au lavis. Pour cela, on trace le dessin sur la pierre avec une substance colorante particulière, sous forme de crayon ou d'encre fluide, dont une des propriétés est de ne pas s'imbiber d'eau, mais de s'imprégner facilement d'un corps gras. On mouille la pierre, puis, avec des balles ou un rouleau, on la charge de l'encre ordinaire des imprimeurs, laquelle, à cause de l'humectation de la pierre, ne se fixe que sur les parties dessinées; on étend sur ce dessin, ainsi chargé d'encre, une feuille de papier, et, en faisant passer le tout sous le rateau de la presse lithographique, on obtient une contre-épreuve du dessin parfaitement exacte, lorsque l'opération a été conduite avec le soin convenable.

La substance colorante lithographique est une composition de gomme laque, de soude et d'huile tenace, qui se conserve sur la pierre assez longtemps pour qu'on puisse répéter l'opération du tirage, et obtenir d'un même dessin plusieurs centaines d'estampes.

Cet art qui n'a, avec la gravure en taille-douce, rien

qui, seulement, se présente de gauche à droite, au lieu de droite à gauche.

Contre-tirer a la même signification que calquer; il s'emploie rarement. Il a aussi la même signification que contre-épreuver. Dans ce sens, il ne s'applique qu'aux estampes, dont l'image première a elle-même été tirée, c'est-à-dire faite au moyen de la presse.

Contre-calquer c'est faire la contre-épreuve d'un calque, ou calquer un calque en le retournant, afin d'obtenir un dessin en sens contraire du dessin original sur lequel a été fait le premier calque. Ce procédé est particulièrement à l'usage du graveur à l'eau-forte qui contre-calque sur le vernis dont est enduite sa planche, afin que l'estampe, qui ne sera elle-même que la contre-épreuve du cuivre gravé, revienne dans le même sens que le dessin original sur lequel aura été fait le premier calque.

de commun, sauf le procédé du tirage et la production d'épreuves multipliées, supplée néanmoins cette dernière avec avantage. Il est précieux pour le dessinateur, dont il reproduit l'œuvre identiquement sans l'intervention d'une main étrangère, et moins longuement, moins dispendieusement que ne peut faire la gravure en taille-douce.

La lithographie nous est venue d'Allemagne. Les premiers essais en furent faits à Paris au commencement du XIX⁰ siècle. Ces essais ne réussirent que très faiblement, et on semblait y avoir renoncé : dix ans s'étaient écoulés, quand de nouvelles tentatives amenèrent rapidement cet ingénieux procédé à un très grand degré de perfection.

Toutes les pierres ne sont pas propres au dessin lithographique. On y emploie une sorte de pierre calcaire d'un grain fin, de nature spongieuse, à surface bien unie, sans être polie. A défaut de pierres naturelles qui réunissent toutes ces qualités au degré désirable, on en fait d'artificielles.

Quelques lithographes ont essayé, avec plus ou moins de succès, de préparations sur zinc ou sur carton; mais l'usage le plus général, jusqu'à ce jour, a été celui des pierres naturelles ou artificielles.

On désigne aussi sous le nom de lithographie l'estampe tirée sur la pierre lithographique : belle lithographie; la lithographie d'un tableau, d'un dessin, d'une inscription, etc.

Ainsi que le faisait remarquer, avec une haute compétence, M. Henry Boucher à la Chambre des députés dans la séance du 14 mars 1899, les lithographes éminents sont peu nombreux en cette fin de siècle de photogravure et de procédés industriels; mais, si nous n'avons plus Senefelder, le grand lithographe, ni les Daumier, les Johannot, les Nanteuil et les Raffet, nous avons encore quelques artistes d'un réel talent et qui font grand honneur à la lithographie française.

« Malheur aux sociétés qui laissent périr la lithographie et la gravure, écrivait Charles Blanc*, ce sont en effet ces feuilles volantes qui entraînent le passant à vivre pendant quelques minutes dans les régions de l'art et de l'idéal; ce sont elles qui font pour rien l'éducation du peuple, lui enseignent le beau, lui apprennent l'histoire, et se laissent comprendre aux plus illettrés, aux plus humbles, en leur donnant, chose admirable, le spectacle des idées! »

QUELQUES NOTES SUR LES LIVRES RECHERCHÉS
POUR LE MÉRITE
DES GRAVURES, AVEC ÉPREUVES A L'ÉTAT D'EAU-FORTE OU AVEC
REMARQUE, AVANT LETTRE, EN DOUBLE OU MULTIPLES
ÉPREUVES EN COULEURS
OU AVEC DESSINS ET ESTAMPES AJOUTÉS

Le collectionneur recherche non seulement les beaux livres illustrés, mais encore il fait exécuter des dessins spéciaux, et rassemble les gravures de toutes sortes qui se rapportent à l'œuvre d'un auteur préféré. Les

* Cf. CHARLES BLANC, *Grammaire des Arts du Dessin*. Architecture, sculpture, peinture, jardins, gravure en pierre fine, gravure en taille-douce, eau-forte, manière noire, aquatinte, gravure en bois, camaïeu, gravure en couleur, lithographie. Nouvelle édition, revue et augmentée d'une table analytique. Paris, H. Laurens (1896), gr. in-8 jésus, orné de 300 gravures.

livres illustrés, qui datent presque de l'enfance de l'imprimerie, se sont développés de plus en plus et ont atteint des perfectionnements qui en font des œuvres d'art. Dans la gravure sur bois comme dans la taille-douce, pour l'eau-forte comme pour la manière noire et le burin, il existe des travaux de premier ordre. Par les procédés photographiques appliqués à l'illustration du livre, on est parvenu à l'expression de la réalité et à la reproduction servile des scènes les plus diverses, en même temps que la typographie a réalisé des merveilles de tirage aux teintes les plus variées.

Parmi les estampes rares, il convient de citer les portraits gravés par Ficquet, qui vivait vers la fin du xviiie siècle. Ces portraits représentent, pour la plupart, des personnages français : Descartes, Corneille, La Fontaine, Bossuet, Boileau, Fénelon, Molière, etc. L'énumération de 46 portraits gravés par cet artiste se trouve dans le *Catalogue de la bibliothèque d'un amateur* de A. Renouard ; et ce bibliographe mentionne que le portrait de Boileau n'a pas été terminé, et qu'il est devenu presque introuvable.

« J'ai eu le bonheur, écrivait-il, d'en avoir eu huit épreuves, que m'avait offertes Ficquet. J'ai de même eu son *Bossuet*, plus rare encore, et dont j'ai sauvé quelques épreuves au moment où il allait en allumer sa pipe. Il avait de l'humeur contre ce portrait, et il voulait n'en point laisser de traces parce qu'il avait crevé la planche à force de refaire et d'effacer. Le *Fénelon* fut aussi mis hors de service, mais d'une façon un peu plus brusque. Réparant ce portrait déjà fatigué, et voulant lui donner plus de ressemblance, il s'impatienta de ne point réussir à son gré, prit un clou et fit un grand trou au milieu du cuivre. »

Si l'on excepte le portrait de Mme de Maintenon, qui est le chef-d'œuvre de Ficquet, les portraits exécutés par cet artiste pourraient en général être plus ressemblants, mais la plupart se recommandent par une délicatesse admirable qui fait qu'on les recherche plus que beaucoup d'autres d'une ressemblance plus exacte.

Quelques beaux livres ont été *documentés* par des amateurs; et, parmi ceux qui méritent de fixer l'attention, nous citerons :

A. — Un exemplaire des *Contes et Nouvelles en vers*, par M. de La Fontaine. Amsterdam (Paris, Barbou), 1762, 2 tomes dont on avait formé 4 vol. in-8.

Il n'existe aucune comparaison à faire entre les gravures qui décorent cette jolie édition, et l'innombrable multitude de vignettes exécutées pour Arnaud, Dorat, et tous les faiseurs d'héroïdes, qui pendant vingt années occupèrent les crayons des Gravelot, des Eisen, des Cochin, des Marillier, etc. Cette suite assez nombreuse est, sans contredit, le meilleur ouvrage d'Eisen; les compositions, quoique dans le goût de ce temps, y ont moins d'afféterie, et plus de grâce que beaucoup d'autres du même dessinateur. La gravure de l'ensemble est généralement bonne; le texte est fort bien imprimé par Barbou; et cette édition, l'une des plus richement ornées, est encore actuellement la plus jolie que nous ayons de ces *Contes*.

L'exemplaire documenté avait été choisi parmi plusieurs en feuilles, et, comme aux gravures de l'édition on en avait ajouté un grand nombre d'autres, nous croyons devoir, à titre d'exemple, faire l'énumération de toutes les épreuves bien ou mal à propos rassemblées dans ces quatre volumes véritablement uniques.

1° Les gravures sont celles que s'était réservées Aliamet, habile graveur, à qui l'on doit les plus jolies pièces de cette collection.

2° La plupart des eaux-fortes; il en manque à peine huit. Cette réunion était d'autant plus curieuse qu'à l'époque où cet exemplaire fut formé on ne s'était pas encore avisé de spéculer sur les états. Le graveur en tirait quelques épreuves, souvent même une seule, pour se rendre compte de son travail.

3° Beaucoup de planches en épreuves doubles et mêmes triples, ayant des différences soit dans la gravure, soit seulement dans les noms des artistes; toutes ces variations antérieures au tirage de l'édition.

4° Presque toutes les estampes qui furent refusées, et remplacées par d'autres, parce que l'exécution, ou même le dessin n'en avait pas été trouvé correct. Elles sont au nombre de vingt-cinq.

5° Seize dessins par Eisen, sur vélin, à la mine de plomb, d'une partie de ces gravures supprimées.

6° Les fleurons par Choffard, tirés sur papier blanc, en double, à côté des mêmes tirés sur les feuillets de texte; plusieurs sont répétés avec des différences.

7° La plupart des eaux-fortes de ces fleurons, recueil unique, tiré pour l'usage de Choffard.

8° Trois épreuves différentes des portraits par Ficquet : 1° celui de l'édition, très beau; 2° le même avant la lettre, et bien terminé; pièce d'une extrême rareté, que nous croyons unique; 3° celui de la deuxième

planche, de même avant la lettre et très beau. A celui
d'Eisen, aussi par Ficquet, est ajoutée une épreuve
d'ébauche.

9° Plusieurs portraits de La Fontaine, par Le Mire;
pour les Fables gasconnes de Saint-Aubin, grand et
petit, par Ribault; médaillons de Pauquet et de Gaucher, imprimés en divers endroits du livre; Arioste par
Ficquet, avant la lettre; Boileau par Saint-Aubin; le
même par Ficquet, fort rare.

10° Les dix estampes in-8, par Moreau le jeune,
prises de l'édition en six volumes, avant la lettre, et
tirées sur papier de Chine.

11° Tous les prospectus et avis imprimés, relatifs à
cette édition.

Certains exemplaires, de ces *Contes* de La Fontaine,
d'une reliure assez riche en maroquin, sont quelquefois
annoncés comme étant des quarante donnés par les
fermiers généraux qui se les étaient réservés; et comme
devant contenir de doubles estampes qui ne sont pas
dans les autres exemplaires.

On sait que les exemplaires remis aux fermiers-géné-
raux, qui firent exécuter l'édition à leurs frais, et ceux
qu'ils employèrent en présents, n'ont pas une estampe
de plus que les autres, mais ils ont une reliure particulière, uniforme pour les ornements de dorure, et très
reconnaissables. Ils sont sans doute des premières
épreuves; mais ce mérite ne peut être celui de quarante
exclusivement, toute planche bien gravée donnant en
très belles épreuves un nombre beaucoup plus considérable. Les estampes, que l'on rencontre en plus dans
quelques exemplaires, sont celles qui furent refusées

par les éditeurs, presque toutes parce qu'elles ont été jugées d'une mauvaise composition, ou mal dessinées; et quelques-unes parurent trop libres.

B. — Un exemplaire des *Baisers**, suivis du Mois de Mai, poème, avec le supplément contenant les imitations des poètes latins. Paris, 1770, in-8, fig. Grand papier de Hollande.

Dans cet exemplaire, on trouve les dessins originaux, jolies productions d'Eisen, avec une double suite des estampes, d'épreuves tirées à part sur papier blanc, et bien plus belles que celles du livre, la plupart des eaux-fortes et un portrait de l'auteur.

C. — Un exemplaire des *Fables ou Allégories philosophiques*, par Dorat. Paris, Delalain, 1772, 4 volumes in-8.

C'est presque uniquement pour les nombreuses gravures, dont fort prudemment leur auteur a pris soin de les décorer, que les *Fables* de Dorat trouvent accès dans la bibliothèque de quelques amateurs; et encore ces petites estampes, si soignées, si mignardement élégantes,

---

* Dorat s'était ruiné pour les gravures qui décorent ses œuvres, afin de les rendre plus vendables. C'est tout ce qui les fait rechercher de nos jours, et il paraît qu'au xviiie siècle il en était ainsi : le fait suivant le confirme.

Le papa Auvet, ci-devant libraire à Évreux, se trouvait chez Delalain en même temps que Dorat faisait visite à son éditeur; entre un amateur (?) qui, sans doute, savait qu'il y rencontrerait l'auteur des *Baisers*; il demande les œuvres de Dorat, on les lui apporte. « Combien? — Trente livres. » Il paye et demande des ciseaux. Delalain surpris, ne se dérangeant pas, l'acheteur insiste, on lui apporte enfin les ciseaux demandés. Il ouvre les volumes et enlève les gravures. Delalain lui dit : « Monsieur, que faites-vous? — Je prends ce qu'il y a de bon dans l'ouvrage. »

Le père Auvet, qui racontait cette anecdote, disait : Je ne savais quelle contenance tenir.

Fig. 87. — Frontispice, dessin original de Charles Eisen.

Fig. 88. — Frontispice du *Catalogue des pierres gravées* du Duc d'Orléans.

ont-elles, dans la plupart des exemplaires, le défaut d'être fort mal tirées.

Ce qui fait le principal mérite de cet exemplaire, c'est qu'il contient les estampes en épreuves d'artistes, imprimées sur papier blanc avant le tirage à grand nombre de l'édition, ainsi que la plupart des eaux-fortes et la nombreuse collection des dessins originaux, qui est sans contredit, la plus agréable et la plus variée de toutes les productions du spirituel et trop souvent incorrect Marillier.

D. — Un exemplaire des *Choix de Chansons mises en musique*, par M. de La Borde. Paris, 1773, 4 vol. in-8.

Cet ouvrage est encore un de ces recueils dont les estampes font toute la recommandation. Si La Borde ne s'était pas brouillé avec Moreau, après l'achèvement du premier volume, entièrement dessiné et gravé par lui, les quatre seraient de la même main; et un recueil de cent estampes, toutes dessinées et gravées par un homme aussi supérieur, serait un monument de gravure vraiment remarquable. Cet exemplaire est en premières épreuves, avec les vingt-cinq figures de Moreau, en double avant la lettre, avec vingt-trois des eaux-fortes.

On pensera peut-être que voilà bien des avant la lettre, bien des eaux-fortes pour les mêmes livres, et que toutes ces prétendues curiosités y sont multipliées au point d'y avoir même perdu ce mérite factice de rareté. Sans doute, au moment de la publication, rien n'a été si facile que de prendre les meilleurs exemplaires de ces estampes, et même de faire tirer exprès des épreuves dans des formats et sur des papiers particuliers; mais, la publication une fois faite, et les planches détruites, toutes ces combinaisons de fantaisie sont dès lors impossibles, et chacun des exemplaires ainsi documentés, s'il est arrangé avec quelque goût, conserve une grande importance.

« Les amateurs qui rassemblaient toutes les gravures, les notes, billets, autographes concernant leurs auteurs de prédilection, sont en assez grand nombre. Un adorateur posthume de Mme de Sévigné est littéralement mort pour elle, comme cette jeune fille qui mourut d'amour pour Télémaque. Il avait élevé un monument unique à l'objet de son culte fétichiste, et mériterait, auprès de Monmerqué, une petite place dans l'ombre de la statue de Sévigné. Il s'appelait Charles-François Alliot de Mussey, et occupait le poste de directeur des douanes à Montpellier. C'était un de ces curieux éblouis, bonnes gens qui amassent et se ruinent pour la postérité. Il avait fait monter in-folio un exemplaire des lettres de Mme de Sévigné, édition Grouvelle, la meilleure avant celle de Monmerqué, et qui, par les notes et par la méthode, avait commencé à sortir de ligne. Miniatures, dessins originaux, portraits, gravures de prix, et jusqu'à des émaux de Petitot, le Raphaël microscopique; autographes se rattachant de près ou de loin à son idole, il avait tout recueilli, tout accumulé entre les feuilles, collé sur les marges, ajusté sur la reliure de son exemplaire. Quand il ne pouvait acquérir la propriété d'un autographe, il en faisait calquer un fac-similé par Dien, le graveur de lettres, et il bourrait ses volumes de ces fac-similés, exécutés sur papier fin du temps de la Restauration, ou même sur papier vélin, inconnu au temps de Louis XIV. C'est ainsi qu'il avait fait contrefaire innocemment des lettres de Corbinelli et de Mme de Sévigné à M. de Guittaut, et qu'on a vu passer de temps à autre, dans les ventes, de ces trompe-l'œil qui ne trompaient personne. Pour son compte, c'étaient de purs souvenirs, et il ne tenait à donner le change à qui que ce fût. Pour bien connaître les châteaux jadis « honorés par les pas, éclairés par les yeux » de sa divinité ; pour se familiariser avec les sites rendus intéressants par quelque souvenir de la marquise, il avait parcouru la Bourgogne, la Bretagne, la Provence ; il avait consulté dévotement les traditions locales, il avait fait dessiner tout sous ses yeux, et son *Sévigné* monstre, comme l'appelaient ses amis, s'était enrichi des fruits innombrables de ses pieux voyages. Ce qu'il engloutit d'argent dans ce gouffre, où souvent des estampes d'une haute rareté n'entraient que mutilées, comme on entrait mis à la mesure dans le lit de Procuste, est à peine croyable. A l'exemple du bon La Fontaine, qui s'en allait demandant à un chacun : « Avez-vous lu Baruch ? » M. de Mussey avait toujours son admiration sur les lèvres, et les moins lettrés autour de lui savaient sa passion pour la marquise de Sévigné. Aussi un bonhomme de paysan des environs de Montpellier disait-il un jour à Creuzé de Lesser : « Quel brave homme que ce M. de Mussey ! je me jetterais au feu pour lui. C'est dommage qu'il se laisse ruiner par une vieille marquise. Oh ! si je la tenais ! » Et de fait, le pauvre digne curieux, épuisé, ruiné par son livre, fut à la fin réduit à le vendre par volume. C'était dé-

chirer son âme feuille à feuille. Et quand le dernier
tome, son dernier ami, eut quitté ses mains, on ne revit
point M. de Mussey : il n'était plus*.

« Si le goût préside au choix des illustrations, si l'on
sait ne pas se contenter d'à peu près, on forme des
recueils vraiment piquants. Armand Bertin, du *Journal
des Débats*, cet homme de tant de goût et de sens, avait
des modèles achevés de livres ainsi décorés. L'ancien
conservateur de la bibliothèque de l'Arsenal, une des
colonnes de la *Quotidienne* sous la Restauration, un
des intimes causeurs du grave causeur Chateaubriand,
Soulié, père de M. Eudoxe, ancien conservateur de la
galerie de Versailles, avait illustré avec un bonheur inouï
les *Historiettes* de Tallemant des Réaux, au point d'en
faire un exemplaire merveilleux, unique, qu'il serait
impossible de refaire aujourd'hui, tant il l'avait enrichi
de portraits et de vues rarissimes, rassemblés à l'époque
où l'on trouvait encore. Charavay aîné, si connu par son
commerce d'autographes, avait illustré avec une profusion sans exemple les trente volumes de l'*Histoire des
Français* de Sismondi, l'*Histoire de la Révolution française* et celle de l'*Empire* de M. Thiers, enfin l'*Histoire
parlementaire* de Buchez et Roux. Charavay avait, pour
son propre compte, ses goûts curieux. Il était à la source
et se servait le premier. Ses additions en portraits,
scènes historiques et autographes aux livres de Sismondi
et de Thiers, ne vont pas à moins de trois mille cinq
cents pièces dans chacun de ces ouvrages. Il s'en faut
peu que les illustrations de l'*Histoire parlementaire*

---

* Cf. FEUILLET DE CONCHES. *Causeries d'un curieux*. Paris,
Henri Plon, 1862-1868, 4 vol. in-8° cavalier.

n'arrivent au même chiffre. Ce sont des recueils réellement précieux à raison de l'importance ou curiosité relative des documents. »

Le curieux le plus célèbre, le plus ingénieusement passionné d'illustrations dans les livres, a été, avec M. de la Jarriette, de Nantes, le comte de Saint-Mauris, de Nancy, qui a donné une bonne traduction de Dante, et a présidé avec distinction l'Académie de Lorraine. Pas de classique où il n'eût glissé à grands frais des estampes et des portraits en façon de commentaire. Il avait entrepris l'illustration d'un Voltaire et y avait sacrifié plus de vingt mille francs. C'était un vrai panthéon d'au moins douze mille huit cents figures.

Dans un travail sur l'*Illustromanie**, Octave Uzanne indique comment les amateurs s'y prennent pour rassembler les gravures et former, pour ainsi dire, un nouvel ouvrage : « La coutume d'illustrer certains ouvrages de plusieurs séries de vignettes, d'estampes diverses et de portraits variés, ne remonte pas à la plus haute antiquité; c'est au fameux Dibdin, croyons-nous, que nous devons cet art aimable qui prit naissance en Angleterre et s'y affirma vers 1830 ou 1835.

« Plusieurs bibliomanes de la Grande-Bretagne s'appliquèrent, vers cette époque, à orner d'une façon toute nouvelle l'Histoire nationale du célèbre Macaulay d'après le procédé suivant, que nous avons lu, décrit dans un numéro du *Chamber's Journal*.

« Il faut tout d'abord se procurer deux exemplaires de l'ouvrage. — On coupe le premier feuillet de l'exem-

---

* Cf. OCTAVE UZANNE. *L'Illustromanie.* (*Miscellanées bibliographiques.*) Paris, Édouard Rouveyre, 1878, in-8 carré.

plaire n° 1, afin de l'appliquer sur une grande feuille de papier très fin avec des marges fort larges. De cette façon, le verso du feuillet est perdu et l'on doit avoir recours au second exemplaire. — On prend des feuilles in-folio, parce que le format de l'*Histoire nationale* de Macaulay ne permettrait pas l'insertion de gravures tant soit peu hautes ou larges.

« C'est ici que commence la tâche la plus difficile : pour illustrer un volume, il faut se procurer un portrait gravé de tous les personnages qui y sont mentionnés. Si Macaulay raconte une bataille, s'il parle d'une entrevue, s'il fait le récit d'une fête, il faut se procurer par tous les moyens possibles, *per fas et nefas*, une gravure de tous ces événements et l'insérer en son lieu et place.

« Un exemple à l'appui : Macaulay (Ire partie, 1er vol.) cite dans une seule demi-page, à propos de l'éloquence de la chaire en Angleterre, le nom de vingt-deux grands dignitaires ecclésiastiques, et mentionne douze églises, deux universités et trois cathédrales ; voilà donc trente-neuf gravures nécessaires pour quinze ou vingt lignes d'impression. Ajoutons à cela des vues, des devises, des armoiries et même des autographes ; les quatre tomes de l'*Histoire d'Angleterre* arriveront ainsi à former plus de cent gros volumes in-folio.

« L'illustration d'un livre dans ces conditions prend les proportions d'une véritable manie furieuse ; le procédé, bon en lui-même, est déplorable dans une conception aussi extravagante, car un amateur, pour enrichir un seul et même exemplaire, pille, arrache, déchire, coupe, taille ou détruit de bons et charmants vieux volumes, pour y puiser les différentes gravures qu'il compte utiliser. Lord Spencer, pour illustrer son *Décaméron*, dépensa près de cent soixante guinées, et sir George Freeling, non content de faire avec trois exemplaires de ce même ouvrage dix forts volumes, y joignit encore deux nouveaux tomes de supplément pour les autographes et dessins, ainsi qu'un atlas de grandes planches*.

« Les bibliophiles français comprennent avec un sens plus rassis, et avec un goût peut-être plus sûr, l'art d'illustrer certains ouvrages ; ils agissent avec moins de fougue et avec plus de délicatesse que leurs confrères d'outre-Manche, et ajoutent modérément des suites d'épreuves bien choisies, des portraits fins, gracieux et dignes d'intérêt, aux livres qui en sont dignes ; en un mot, ils se gardent bien d'ensevelir le texte sous une avalanche de gravures diverses et incohérentes. Tous les ouvrages ne se prêtent pas aux illustrations et toutes les éditions ne sont pas faites pour en recevoir ; il faut le plus souvent un guide sûr qui apprenne à connaître, à chercher, à trouver et à choisir les suites d'estampes qui conviennent et s'adaptent à un exemplaire de telle édition ou de tel format**.

« Ici surtout et plus qu'en toute chose, un amateur doit se mettre d'accord avec le temps ; il ne doit point

---

* Cf. *Journal des Débats*, Octobre 1856.
** Le *Manuel de l'Amateur d'illustrations*, gravures et portraits pour l'ornement des livres français et étrangers, par J. SIEURIN, Paris, Adolphe Labitte, 1874, in-8°, est un guide pour les amateurs de livres à vignettes, indispensable pour l'illustration des livres français et étrangers. Il renferme, sur les différents états des suites de figures, de curieux détails que M. Sieurin seul connaissait, et peut être illustré de planches détachées.

se hâter de faire laver, encoller et relier les livres qu'il pense orner de vignettes nouvelles ; un jour, il trouvera un élément d'illustration sur lequel il ne comptait pas, le lendemain ce sera une nouvelle découverte et ainsi de suite. L'art d'illustrer soi-même un volume réclame plus qu'un sentiment éclairé, plus qu'un goût délicat, qu'une éducation particulière de l'œil, il demande un travail de patience et d'investigations quotidiennes; ce n'est pas tant sur les quais qu'un bibliophile saura découvrir des eaux-fortes avant la lettre et... après la pluie, c'est plutôt dans les bons catalogues, dans les cartons de certains petits marchands, dans les éditions dépréciées, dans des lots de gravures disparates, dans tous les bazars de bric-à-brac enfin, où les productions de l'art échouent pêle-mêle.

« Les ouvrages les plus faciles et les plus intéressants à illustrer sont les Mémoires, les Histoires de France en général, ou de la Révolution en particulier, les grands Écrivains de notre littérature et les principaux maîtres de la littérature étrangère.

« Un amateur joindra, par exemple, à la grande édition in-8° des *Lettres de madame de Sévigné*, les vingt-cinq superbes portraits de personnages historiques gravés au burin par Céroni d'après les *Émaux de Petitot*; pour les *Historiettes de Tallemant des Réaux*, il saura choisir une centaine des vigoureuses figures de Desrochers, ainsi que plusieurs fins chefs-d'œuvre de Ficquet et de Savart; pour les *Mémoires de Saint-Simon*, il prendra tout ce qu'il rencontrera sous la signature de Marcenay ou de Gaucher; pour la *Correspondance de Grimm*, il compilera les portraits gravés dans l'œuvre blonde des Saint-Aubin, des Lemire, des Leveau, des Janinet et des de Launay. S'agit-il d'illustrer Corneille? Voici trente-cinq vignettes de Gravelot, format in-8°, vingt-quatre compositions et deux portraits de Moreau, dans le magistral format in-4°, enfin dix-sept vignettes in-12, de Devéria, pour les chefs-d'œuvre de Pierre et Thomas Corneille. Veut-on ajouter des suites à Molière? Il n'y a que l'embarras du choix. Des artistes de talent, anciens et modernes, nous offrent des sujets incomparables et finement exécutés qui peuvent tous être insérés dans un format in-8° *.

« Le grand in-8° est le format le plus propre à recevoir des estampes de toutes sortes; on pourrait ainsi recueillir, pour les seuls *Contes de La Fontaine*, les suites de figures d'Eisen, de Marillier, de Moreau, de Duplessis-Bertaux, de Tony Johannot, de Devéria, de Hersent, de Bergeret, de Granville et autres.

« L'Histoire de France de MM. Michelet, Guizot ou Henri Martin est aisée à orner des soixante-six portraits de rois par Desrochers qui se trouvent facilement; les seize vignettes de Duplessis-Bertaux, fort jolies de composition et d'exécution et dont aucun iconographe ne fait mention, conviennent admirablement à l'*Histoire de la Révolution française*; nous citons ces suites d'estampes au hasard et au courant de la plume, car il faudrait plusieurs volumes « *qui restent à faire* », pour donner un simple aperçu des œuvres remarquables qui se prêtent à la plus gracieuse *Illustromanie*. »

---

* Dans la savante *Iconographie Moliéresque* de M. Paul Lacroix, nous trouvons plus de soixante suites de figures importantes pour illustrer les œuvres de Molière.

Il existe des ouvrages qui ont une plus grande valeur, par certaines particularités ne se trouvant pas dans les exemplaires d'édition de même date, ce sont :

LES LIVRES AVEC GRAVURES CARTONNÉES. *

C'est ainsi que la présence ou l'absence d'épreuves cartonnées, augmente ou diminue la valeur d'un exemplaire, comme aussi les gravures en premier état, couvertes ou découvertes.

Comme exemples, nous citerons :

La *Bible* dite de Mortier, qui est ornée de superbes planches in-folio. En voici le titre : *Histoire du vieux et du nouveau Testament*, par David Martin, enrichie de plus de 400 figures gravées en taille-douce. Anvers (Amsterdam), Mortier, 1700, 2 vol. in-folio. Cette *Bible* n'a été imprimée qu'une seule fois; mais tous les exemplaires ne sont pas du même prix; il y en a *sans les clous* ou *avec les clous*. La dernière planche, celle de l'Apocalypse ayant été brisée pendant le tirage, on répara cet accident en clouant ensemble les deux moitiés, mais les clous paraissent dans les épreuves, et dénotent par conséquent qu'elles sont postérieures à celles sans clous, ce qui diminue la valeur des exemplaires avec les épreuves dites *avec les clous*.

Selon De Bure, l'estampe de la page 276 de *Phaedri Fabularum Æsopiarum* libri v, cum notis integris et observationibus variorum, ex editione J. Laurentii, cum figuris æneis. Amstel. Waesberge, 1667, in-8, est sujette à se trouver gâtée ou déchirée.

* Voir explication du terme *Cartonné*, t. III, page 165.

Parmi les autres livres à *figures cartonnées* signalons encore le recueil publié par Perrault : *Les Hommes illustres qui ont paru en France pendant ce siècle*. Paris, 1696-1700, 2 vol. gr. in-fol.

La censure exigea la suppression des portraits d'Arnauld et de Pascal : on mit à leur place, pour combler la lacune, ceux de Thomassin et de Du Cange; plus tard, il fut permis de remettre en place les deux images proscrites pour cause de jansénisme *.

Quelques estampes gravées pour les *Contes et Nouvelles en vers* de La Fontaine, édition des fermiers généraux que nous avons déjà citée, furent refusées ou supprimées; d'autres ont subi des modifications; elles donnent une valeur particulière aux très rares exemplaires qui les contiennent.

Parmi les 60 figures gravées par Bloemaert, pour le *Tableau du Temple des Muses*, avec les descriptions, remarques et annotations, par l'abbé de Marolles. Paris, 1655, in-fol; celle de *Salmacès* a été remplacée par une autre estampe sur le même sujet, gravée par Poilly.

Citons aussi, comme ouvrage à figures cartonnées, l'édition du *Temple de Gnide* de Montesquieu, 1772, in-8, figures gravées par Lemire, d'après Eisen.

Ajoutons que, dans quelques exemplaires de l'édition *variorum* des *Fables* de Phèdre, Amstelodami, 1667, in-8°, la planche de la page 267 est parfois enlevée, grattée ou barbouillée d'encre par des lecteurs peu scrupuleux. Mais, combien d'ouvrages il nous faudrait

* Une description de ce *Recueil* se trouve dans le *Peintre graveur français*, de M. Robert Dumesnil.

décrire, pour publier une étude intéressante sur cette branche curieuse de la bibliographie, travail que seul, parmi les bibliographes contemporains, M. Fernand Drujon pourrait entreprendre.

EXEMPLAIRES AVEC AQUARELLES, ILLUSTRATIONS OU ORNEMENTS PLACÉS DANS LE TEXTE OU SUR LES MARGES

L'usage d'illustrer les livres sur les marges est très ancien; on sait le soin que mettaient les imagiers et les enlumineurs à orner, avec une profusion de couleurs rehaussées d'or et d'argent, les naïves scènes de la vie qu'ils retraçaient dans les textes des légendes saintes, des prouesses d'amour et de guerre des chevaliers, et les fleurs si finement détaillées au pinceau, dont les livres d'heures et de piété comportaient l'emploi.

Au xve et au xvie siècle, avec l'imprimerie et les gravures sur bois, les beaux livres d'heures acquirent une grande renommée, et une réputation nullement usurpée.

Les siècles suivants n'ont rien à envier aux premières périodes de l'imprimerie : les gravures sur cuivre et sur métal, les dessins des artistes, étaient poussés à un point extrême, et l'eau-forte donnait sa gamme de tonalités si surprenantes chez Dürer et Rembrandt.

Le xixe siècle n'aura rien à envier aux siècles passés, et si ses débuts ne furent pas féconds en livres illustrés avec soin et avec goût, — en laissant de côté ces gravures sur cuivre et sur acier, bien exécutées, il est vrai, mais dont la banalité de composition est désespérante — avec la renaissance de la gravure sur bois, les artistes intelligents, observateurs, ont conquis une grande place dans l'ornementation du livre. La vie s'est intimement liée au texte avec les spirituelles vignettes de l'époque romantique, si largement prodiguées dans les publications de luxe comme dans les autres. Les ouvrages illustrés de cette phase éphémère d'art, de ce symbole gothique si bizarrement exprimé, ont souvent un cachet à part et qui est appréciable.

Et plus tard, le bois se prête à toutes les fantaisies, à l'humour la plus invraisemblable de l'artiste. Peut-on oublier, lorsqu'on les a vues, ces scènes d'Espagne, si extraordinairement interprétées par Gustave Doré?

Les tendances du goût moderne ont accentué l'illustration variée, et les procédés de coloration, appliqués soit mécaniquement, soit au patron*, ont permis de la

---

* « Le coloriage au patron, écrivait Octave Uzanne dans son *Dictionnaire Bibliophilosophique*, est l'art de colorier des gravures au trait à l'aide de tons mis à plat, à travers des poncifs ou patrons découpés dans du zinc. Il faut toujours un et quelquefois deux patrons par couleur selon les *épargnes* et les difficultés du modèle.

« Le coloriage au patron était connu jadis sous le nom de coloris oriental, à cette différence qu'il n'y avait pas d'impression sur le papier ou le parchemin qui devait recevoir l'enluminure; de nos jours, tout le travail est limité par l'impression, et le coloriste découpeur n'a qu'à suivre les traits indiqués, sur les épreuves qui lui sont remises, pour circonscrire nettement ses couleurs.

« Ce procédé est et a été surtout employé depuis des siècles pour la mise en couleur d'images enfantines à Metz, Épinal, Pont-à-Mousson; il n'y a guère qu'une quarantaine d'années que ce genre est exploité à Paris, et l'on peut dire que depuis dix ans seulement il est entré dans le domaine du livre d'art. Nous estimons qu'aucun procédé de tirage polychromique ne peut rivaliser avec le coloris au patron, que nous patronnons et patronnerons avec insistance; — le patron bien ordonné, ingénieusement exécuté, peut reproduire avec fidélité les plus

transformer. La chromolithographie d'abord, la zincographie, l'héliographie et l'impression chromotypogra-
phique ont fait avancer l'art dans la décoration du livre.

Une exigence s'est manifestée sous une forme spéciale, absolument propre à notre époque *.

Les bibliophiles de la fin du XIXe siècle sont préoc-
cupés par le désir d'avoir des exemplaires uniques. Quelques auteurs, et aussi quelques amateurs, veulent avoir
un exemplaire spécial, soit de leur œuvre, soit de celles
de leur auteur préféré **.

Au sujet de ces exemplaires uniques, M. Jules Cla-
retie a publié, dans la *Gazette des Beaux-Arts*, une intéressante étude relative à *L'Affaire Clémenceau*, peinte
et illustrée.

subtiles aquarelles, et de plus en plus la librairie de luxe à
petit nombre usera de ce mode de mise en couleur, qui devient
impossible et onéreux dès qu'il s'agit de gros tirages au-dessus
de deux à trois mille. »

* Notons cependant que des artistes, au XVIIIe siècle, ont
illustré les marges de quelques volumes.

L'exemplaire du *Livret des Salons* de 1769, qui se trouve au
Cabinet des estampes de la Bibliothèque nationale, a une très
grande valeur, eu égard aux croquis dont Gabriel de Saint-
Aubin l'a enrichi (voir fig. 79).

** A l'occasion de la vente de Goncourt, qui a obtenu un gros
succès d'argent, on a fait quelques remarques curieuses concernant les rapports entre gens de lettres, éditeurs, imprimeurs, etc. C'est sur la bibliothèque moderne qu'elles portent
et tout spécialement sur les ouvrages à dédicace; ceux-ci
étaient en très grande quantité, quelques-uns ornés de portraits, d'aquarelles, etc ; ils ont produit plus de 70000 francs,
ce qui est considérable. A citer parmi les prix élevés :
l'*Assommoir*, édition originale, avec le portrait de Zola peint à
l'huile, par Raffaëlli ; 680 francs ; l'*Art du dix-huitième siècle* d'Ed.
et J. de Goncourt, exemplaire unique avec une suite de planches
illustrant le livre, par Bracquemond, J. de Goncourt, etc.,
4000 francs ; l'*Histoire de Marie-Antoinette*, des mêmes, avec
encadrements à chaque page, par Giacomelli, et une série de
douze planches hors texte, 700 francs, etc.

« M. Alexandre Dumas fils, écrivait l'éminent académicien, vit, un matin, entrer dans son cabinet de travail un amateur de beaux livres qui avait eu l'idée
de peindre et de dessiner en marge d'un exemplaire
de l'*Affaire Clémenceau*, tiré sur papier de Hollande,
les principales scènes et les types originaux du roman.
Cet amateur était à la fois un bibliophile et un
curieux. Il se composait ainsi lui-même — et pour
lui-même — un livre unique dont il offrait, avant de le
faire relier en maroquin plein pour sa propre bibliothèque, la primeur à l'auteur de l'ouvrage, en lui
demandant un autographe.

« Ce fut pourtant cette visite et l'entreprise de cet
inconnu qui donnèrent à M. Dumas l'idée de rassembler
à son tour, sur un même exemplaire de son livre, une
certaine quantité de dessins, d'aquarelles, de sépias, de
gouaches, de coups de crayon et de coups de pinceau,
de manière à former une sorte de Musée spécial, en
raccourci, un *Salon* en petit format, une rareté
artistique et bibliographique qui tînt du livre et de
l'album, et groupât, s'exerçant à l'envi sur un même
sujet, la plupart des artistes de ce temps, les plus
distingués, les plus illustres et les plus rares.

« La première édition, aujourd'hui introuvable, de
l'*Affaire Clémenceau*, avait eu un tirage spécial de cent
exemplaires sur papier de Hollande. M. Alexandre
Dumas prit le nᵒ 10 de ces exemplaires de choix, et,
envoyant ou portant tour à tour chaque feuillet détaché
à quelqu'un de ses amis, il réunit, avec les années,
un nombre considérable d'œuvres d'art sur ce livre,
qu'il se décide enfin à donner au relieur, et qui est un

monument d'art tout à fait exquis, un trésor sans prix, comme toutes les choses sans pair.

« L'exemplaire de l'*Affaire Clémenceau* de M. Alexandre Dumas fils est célèbre dans les ateliers. C'est un honneur pour les artistes d'avoir signé quelque invention charmante en marge d'une page du maître écrivain. Ce beau roman, qui parut au mois de juillet 1866, en pleine guerre austro-prussienne, et qui fit du bruit, même dans le retentissement du canon de Sadowa, n'avait pas besoin pour durer de l'enrichissement de ces petites merveilles artistiques; mais il est bien certain qu'un tel livre, admirablement commenté, orné, caressé ainsi par tant de mains célèbres, aura un jour, et a dès aujourd'hui une valeur considérable, inappréciable. C'est une œuvre magistrale illustrée par des maîtres. M. Dumas avait eu déjà un de ses ouvrages, la *Dame aux Camélias*, interprété par Gavarni d'abord, puis par M. Eugène Lami, dans une suite d'aquarelles tout à fait supérieures. M. Henri Didier possédait un *Musset* unique, avec des aquarelles de Lami intercalées dans les volumes de la grande édition Charpentier. En ce genre de l'illustration directe, — j'entends du livre orné de la sorte par des artistes à la façon des missels, — on cite également un exemplaire du volume de M. Paul de Saint-Victor, *Hommes et Dieux*, dont un feuillet entre autres, le chapitre relatif à *Gil Blas*, a figuré à la première Exposition des aquarellistes, avec un lumineux encadrement de M. Louis Leloir: des bandits espagnols attendant, l'escopette au poing, un voyageur qui passe. Vint ensuite un homme d'un vrai talent, M. E. Guillaume, non pas le sculpteur, mais un peintre qui

Fig. 89. — Le cimetière Montmartre.
Scène de l'*Affaire Clémenceau*. (Dessin de Victor Giraud.)

tant. Va serrer la main à mon père et embrasser ton
fils, pendant que je vais, moi, chercher un de mes
camarades.

A l'heure dite, nous étions au rendez-vous. J'avais
choisi l'épée. Je tirais passablement; Serge tirait
mieux que moi et me ménageait. Quand je m'en
aperçus, le sang me monta aux joues, et, le bras
gauche replié sur mon front, tenant de la main droite
mon épée comme une lance, je courus à tous risques
et à toute volée sur mon adversaire, qui ne put parer
ce coup qu'il ne pouvait prévoir. Il tomba. Je lui
avais traversé le côté droit.

— Le coup n'est pas très-régulier, me dit-il
d'une voix ferme, mais il compte tout de même. Si
j'en meurs, sachez, monsieur, que j'aurai été désespéré de vous avoir causé de la peine; si j'en reviens,
recevez de nouveau ma parole qu'il n'y aura jamais
aucune relation d'aucun genre entre moi et la personne pour qui nous venons de nous rencontrer. Du
reste, elle en est déjà prévenue.

Là-dessus, il s'évanouit. On transporta le blessé
au château du Val, dont Serge connaissait les pro-
priétaires, et nous revînmes à Paris.

— Voilà une bonne besogne faite, me dit Cons-
tantin en m'embrassant quand nous fûmes seuls.
Cela t'a soulagé un peu?

— Oui.

— C'est tout ce qu'il faut. Espérons que l'autre
en reviendra. C'est un galant homme. Tu es la vic-

Fig. 90. — Le Duel.
Scène de l'*Affaire Clémenceau*. (Dessin de Victor Giraud.)

a exposé deux ou trois fois au Salon, puis qui, — riche d'ailleurs, — s'est retiré à la campagne et ne fait plus de la peinture que pour lui. M. Guillaume a signé là des *marges* et des *bas de pages* d'un caractère saisissant, d'un art original, entre autres un amphithéâtre de dissection d'un pittoresque tout à fait macabre.

« Marges et bas de pages, sépias ou aquarelles en forme de culs de-lampe, ornementation mordant sur le texte même, bleu cobalt ou vermillon s'étalant sur les lignes noires de l'imprimerie, voilà ce qui fait l'originalité de l'illustration d'un semblable livre. »

Un autre amateur passionné de l'art, un collectionneur émérite, M. Roux, a eu l'envie de posséder un *La Fontaine* incomparable, en donnant à traduire l'immortel fabuliste à nos meilleurs aquarellistes. Ce *La Fontaine*, ainsi illustré, est une œuvre sans prix dans son ensemble. Parmi les cent soixante-dix-sept aquarelles qui en forment l'illustration, il en est de plus heureuses les unes que les autres, mais aucune n'est mauvaise, aucune ne fait tache.

L'esprit du bonhomme La Fontaine, ses merveilleux petits tableaux nous frappent tous individuellement, d'ailleurs, d'une façon différente, et quand notre pensée n'est pas d'accord avec la traduction de l'artiste, qui pourrait dire celui de nous deux qui a saisi le mieux l'idée du fabuliste? D'autre part, ce que donne la plume ne peut pas toujours être rendu avec la même justesse et la même grâce par le pinceau; la réciproque est également vraie.

Ce qu'on peut dire hardiment, c'est que les traducteurs mis en œuvre par M. Roux n'ont pas été au-dessous de leur tâche, cette collection restera comme un grand effort de générosité d'une part, et, de l'autre, de bonne volonté et de talent.

~~~~~~~~~~~~~~~~~

L'illustration nouvelle du livre a donné lieu à une très intéressante étude de M. André Mellerio*, publiée par *l'Estampe et l'Affiche***. C'est par la reproduction de ce travail, qui a fait l'objet de nombreux débats dans les revues et journaux d'Art, que nous terminerons ce chapitre.

« Notre fin de siècle n'est-elle pas une période de transition? Le propre de telles époques apparaît le rassasiement, presque le dégoût de ce qui a précédé. On

---

* M. ANDRÉ MELLERIO est l'auteur d'un livre sur *la Lithographie originale en couleurs*. Paris, L'Estampe et l'Affiche, 1898, in-8° carré.

Depuis quelque temps l'estampe lithographique en couleurs a fait en France un progrès et acquis une importance qui lui attirent l'attention non seulement de tous ceux qui s'intéressent à l'art, mais même du simple public. L'ouvrage que nous signalons, où M. André Mellerio étudie ce mouvement, vient donc à point et sera consulté avec fruit.

** Cf. *L'Estampe [et l'Affiche*, Revue d'art illustrée, de format in-4°, qui paraît depuis 1897, sous la direction de MM. Clément Janin et André Mellerio. Elle a débuté chez l'éditeur Édouard Pelletan. De cette origine, elle a conservé la préoccupation des ouvrages de bibliophilie, dont M. Clément Janin, neveu du grand critique Jules Janin, qui fut aussi un grand bibliophile, a fait sa spécialité et qu'il traite en toute indépendance.

« Cette publication, écrivait M. Paul Bluysen, a pour but de porter un jugement sur les innombrables documents graphiques, affiches, couvertures de livres, etc., auxquels les artistes en renom ne dédaignent pas maintenant de consacrer leur temps et leur talent; elle constitue une sorte de guide très

est injuste pour des qualités qui ne piquent plus la curiosité, quitte plus tard à remettre les choses en leur place, en prononçant un jugement équilibré et définitif. On ne s'occupe exclusivement que de ce qui va être, négligeant le reste pour tâcher d'effectuer ce qu'on entrevoit à peine.

« A première vue il semble que le roman d'action se prête mieux à l'illustration, ou du moins lui facilite la tâche, par son en dehors. La vision des personnages et des scènes est tout indiquée, jusque dans les détails. Enlèvements, chapeaux à plumes de mousquetaires, galopades échevelées et coups de rapières, ces accessoires d'un Alexandre Dumas père forment un tableau mouvementé rapidement saisissable.

« Telle besogne accomplie par un dessinateur consciencieux, ayant le sens du pittoresque, pouvait offrir un intérêt secondaire, mais réel.

« Or voici que ce commode et précis décor disparaît dans le roman de vie intérieure. Pouvez-vous exprimer directement d'invisibles émotions? Évidemment non. Mais alors l'illustration sera donc en désaccord avec le texte interprété, ou tout au moins très en dessous comme intensité expressive.

Que dis-je, peut-être même sera-t-elle supprimée du coup, ou réduite au simple décoratif de la pagination typographique, sans apport d'émotion propre!
éclectique, indépendant et bien inspiré, de l'amateur, et, en cela, elle a fort à faire — car qui n'est pas amateur aujourd'hui et ne se pique d'encourager les arts en achetant des pièces réputées artistiques ou destinées à devenir rares? L'Estampe et l'Affiche, du reste, s'acquitte fort bien de cette tâche et chacun de ses numéros contient quelque étude — ou quelque planche hors texte qui, tout au moins, mérite discussion. »

« Certains artistes semblent résoudre le problème, en donnant à l'illustration un point de vue différent d'autrefois, légitime parce qu'il est celui-là même où se place le mouvement littéraire. Examinons entre autres exemples : Rodin, le sculpteur célèbre ; Odilon Redon, l'extraordinaire lithographe, et un jeune peintre, Maurice Denis.

« De Rodin, il existe une œuvre précieuse et unique connue dans le monde des bibliophiles, — ce sont des dessins originaux sur une première édition des *Fleurs du mal* de Baudelaire. Le collectionneur qui la possède et eut la conception de cet ensemble, est M. Paul Gallimard. Esprit intelligent, homme aimable, il fut un des premiers acheteurs de Manet, Degas, Renoir, également un des découvreurs de Carrière, en même temps qu'il devenait leur ami. Frappé chez Rodin d'un sentiment d'ardente volupté jusqu'à la fureur douloureuse, il en remarqua la concordance avec ce *frisson nouveau* qu'avait apporté Baudelaire, en littérature. Il demanda au sculpteur d'orner un exemplaire des *Fleurs du mal*. Mais Rodin, tempérament accentué et libre, ne pouvait s'astreindre aux étroites limites d'une composition littérale, vulgairement pittoresque. Il se livra entièrement à son habituelle inspiration, et les figures dont il sema le livre sont échappées directement de son œuvre sculptural.

« Elles apparaissent sœurs de cette foule vivante et mouvementée qui se pressait et se déroulait sur son portail fameux. Et cependant nous ne savons rien qui s'apparente plus parfaitement au sentiment baudelairien, que ces formes souples cambrées sous l'étreinte, respirant l'ivresse d'amour chaude et languide, désespérées parfois aussi du vide des voluptés.

. . . .

« Nous pouvons donc brièvement énoncer les conditions nécessaires à l'illustration moderne. Personnalité plastique propre, adaptation aux seuls auteurs littéraires qui lui correspondent, création originale et libre, mais profonde en communauté de sentiment.

« A notre avis, cette illustration réclamera le concours d'un autre personnage encore, qui dans l'histoire du livre est resté la plupart du temps très au-dessous de son office — nous voulons dire l'éditeur. Il lui faudra être plus qu'un vulgaire entrepreneur de livres. C'est à lui qu'incombera le rôle de l'architecte, ordonnateur suprême de la décoration de l'édifice qu'il a construit.

A l'exemple d'amateurs intelligents, comme M. Paul Gallimard, que nous citions, l'éditeur sera mis en demeure de comprendre et d'apprécier également l'artiste littéraire aussi bien que l'artiste plastique, de saisir leur intime concordance. A lui en outre de surveiller que les lois décoratives de l'illustration soient respectées, d'approprier la typographie, choisir le format et jusqu'au papier.

« Les besoins nouveaux très complexes donneront une grande importance à cette direction d'où seulement peut découler l'unité d'ensemble.

« Actuellement, les procédés matériels, dont l'intérêt d'ailleurs est réel, progressent étonnamment. A tel point qu'on aurait pu s'inquiéter que leur souci n'accaparât les forces vives de l'artiste aux dépens de l'inspiration originale. Il nous a paru opportun de signaler le fait, selon nous significatif, d'un esprit nouveau de l'illustration. Ce n'est pas seulement le perfectionnement des modes mécaniques d'expression, mais c'est, surtout, des tendances propres et caractéristiques qui marquent les périodes d'art vraiment originales. Ainsi a chance de se rajeunir l'illustration, qui semblait demeurer dans une formule déjà amplement utilisée, quand l'esprit littéraire marchait en avant. »

Fig. 91. — Exemple d'un faux-titre illustré.

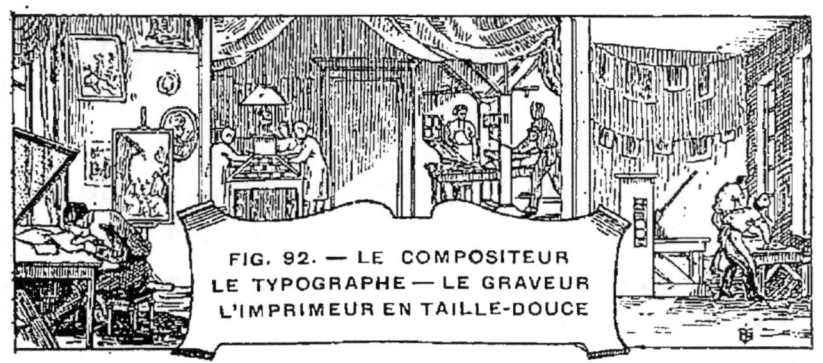

FIG. 92. — LE COMPOSITEUR
LE TYPOGRAPHE — LE GRAVEUR
L'IMPRIMEUR EN TAILLE-DOUCE

CHAPITRE DU TOME CINQUIÈME

De la gravure en relief et en creux

Illustration et décoration des livres

De la distinction des états de gravures

Ce qui fait la valeur d'un livre illustré

~~~~~~~~~~~~~

SOUS-DIVISIONS

Quelques notes sur les livres recherchés pour le mérite des gravures, avec épreuves à l'état d'eau-

Fig. 95. — Cul-de-lampe (xviiie siècle).

CE VOLUME A ÉTÉ ACHEVÉ D'IMPRIMER A PARIS

PAR LES SOINS ET AUX FRAIS DE

ÉDOUARD ROUVEYRE, LIBRAIRE A PARIS

EN LA MAISON LAHURE (IMPRIMERIE GÉNÉRALE DE PARIS)

LE XXXᵉ JOUR DE JUIN

DE L'ANNÉE M.D.CCC.XCIX

HISTOIRE — PHILOSOPHIE — DOCUMENT

Comment discerner les Styles
du VIIIᵉ au XIXᵉ siècle

Par
L. ROGER-MILÈS

Publication honorée de la Souscription du Ministère
de l'Instruction publique et des Beaux-Arts

ÉTUDES SUR LES FORMES ET LES VARIATIONS
PROPRES A DÉTERMINER LES CARACTÈRES DU STYLE

dans

Le Costume et la Mode

LA MODE — LES SYMBOLES — LA TRADITION

Accompagnées de Deux mille Dessins gravés par J. Mauge
D'APRÈS les TABLEAUX, MANUSCRITS et MONUMENTS en TOUS GENRES
existant dans les musées, bibliothèques et collections nationales et particulières

UN FORT VOLUME IN-4 JÉSUS (22 × 30)
Exemplaire en Cartonnage artistique, non rogné . . . . Quarante francs

---

CARACTÈRES et MANIFESTATIONS des FORMES
en
Architecture et Décoration

LES PREMIERS SIÈCLES — LE STYLE BYZANTIN
LE STYLE ROMAN — LE STYLE OGIVAL — LA RENAISSANCE
LES TEMPS MODERNES

Accompagnés de Deux mille Dessins gravés par J. Mauge
D'APRÈS les TABLEAUX, MANUSCRITS et MONUMENTS en TOUS GENRES
existant dans les Musées, Bibliothèques et Collections nationales et particulières

UN FORT VOLUME IN-4 JÉSUS (22 × 30)
Exemplaire en Cartonnage artistique, non rogné . . . . Quarante francs

---

ÉTUDES SUR LES FORMES ET LES DÉCORS
PROPRES A DÉTERMINER LES CARACTÈRES DU STYLE

dans les

Objets d'Art, de Curiosité
et d'Ameublement

ARMES et ARMURES — BIJOUTERIE — BRODERIE — CÉRAMIQUE — DENTELLE
ÉMAILLERIE — HORLOGERIE — JOAILLERIE — MEUBLES
PEINTURE sur VÉLIN — ORFÈVRERIE CIVILE et RELIGIEUSE
VERRERIE — TAPISSERIE

Accompagnées de Deux mille Dessins gravés par J. Mauge
D'APRÈS les TABLEAUX, MANUSCRITS et MONUMENTS en TOUS GENRES
existant dans les Musées, Bibliothèques et Collections nationales et particulières

UN FORT VOLUME IN-4 JÉSUS (22 × 30)
Exemplaire en cartonnage artistique, non rogné . . . . Quarante francs

www.ingramcontent.com/pod-product-compliance
Lightning Source LLC
Chambersburg PA
CBHW051823020726
47502CB00005B/1594